健身徒手体操

全民健身项目指导用书

裴晓雨　王国入◎主编

吉林出版集团股份有限公司　全国百佳图书出版单位

图书在版编目（CIP）数据

健身徒手体操 / 裴晓雨, 王国入主编. -- 2 版. --
长春：吉林出版集团股份有限公司, 2010.2（2024.8重印）
全民健身项目指导用书
ISBN 978-7-5463-2411-1

Ⅰ.①健… Ⅱ.①裴… ②王… Ⅲ.①徒手体操 – 基
本知识 Ⅳ.①G831

中国版本图书馆 CIP 数据核字(2010)第 028393 号

全民健身项目指导用书

健身徒手体操

JIANSHEN TUSHOU TICAO

主　　编	裴晓雨　王国入
责任编辑	黄　群　杜　琳
封面设计	吕宜昌
开　　本	650mm×960mm　1/16
印　　张	8
字　　数	60 千
版　　次	2010 年 2 月第 2 版
印　　次	2024 年 8 月第 4 次印刷
出版发行	吉林出版集团股份有限公司
地　　址	吉林省长春市福祉大路 5788 号
邮　　编	130000
电　　话	0431-81629968
电子邮箱	11915286@qq.com
印　　刷	三河市金兆印刷装订有限公司
书　　号	ISBN 978-7-5463-2411-1　定　价　39.80元

序言

　　自 1995 年我国政府推出《全民健身计划纲要》以来，我国群众性体育活动蓬勃发展，取得了显著的成绩。2008 年，举世瞩目的北京奥运会的成功举办，极大地激发了亿万人民群众的体育热情，增强了全社会的体育意识，营造了浓厚的全民健身氛围。面对这样的可喜局面，群众体育科研、教学工作者应义不容辞地为社会实践服务，从不同角度思考，如何使普通百姓通过简而易行的身体锻炼方式、方法和手段达到良好的健身效果，达到拥有健康的目标，从而享受生活、享受快乐人生。该书系就是在这样的思想指导下诞生的。

　　本书系能够顺应国家体育的大政方针，掌握时代脉搏，对指导大众健身，使大众掌握健身方法和手段有很好的促进作用。

　　本书系图文并茂，实用性强，分为球类运动、体操健身运动、传统武术、冰雪运动、水上运动、体育舞蹈、休闲运动、格斗运动、民间体育活动和极限运动等十大类项目，计 100 分册，按照统一的体例，力争有所创新。每册的具体内容为该项目的起源与发展、运动保健、基本

技术、运动技巧、比赛规则等，使读者在学习过程中，不仅能够学会运动健身的方法，同时还能够学到保健方面的基本知识。

经国务院批准，自 2009 年起，将每年的 8 月 8 日定为"全民健身日"。《全民健身项目指导用书》的出版，必将为开展全民健身活动起到积极的推动和指导作用。

目录 CONTENTS

第一章 概述

第一节　起源与发展/002

第二节　场地和装备/003

第二章 运动保健

第一节　自我身体评价/008

第二节　运动价值/012

第三节　运动保护/017

目录 CONTENTS

第三章 基本技术

第一节　头颈动作/028

第二节　上肢动作/033

第三节　躯干动作/046

第四节　下肢动作/053

第四章 实用健身徒手体操

第一节　健美、健身操/068

第二节　形体健身操/098

第一章 概述

　　健身徒手体操是指以健身为目的，通过徒手方式进行的健身操。它根据人体各部位的特点，通过举、振、屈、伸、摆、蹲、转体和跳跃等一系列徒手动作，变换不同的方向、路线、幅度、频率和节奏，按照一定的方法编排而成。经常练习健身徒手体操，可以全面提高练习者身体的综合素质，达到健身、健美的效果。

第一节

起源与发展

健身徒手体操运动的雏形可以追溯到古代的舞蹈，后来，人们把它作为一种增进健康的方式，使这项运动得以发展流传下来。

起源

健身徒手体操运动的起源可追溯到两千多年前。古希腊人对人体美的崇尚举世闻名，他们喜爱采用跑跳、投掷、柔软体操和健美舞蹈等各种体育项目进行人体美的锻炼。古希腊人对健身、健美的追求是现代健身徒手体操运动形成与发展的基础。

现代健身徒手体操运动起源于 20 世纪 70 年代，以 19 世纪欧洲各国体操运动的发展为基础，先在美国兴起。

美国太空总署医生肯尼思·库珀博士 1968 年专门为太空宇航员设计的有氧体能训练成为有氧运动的一种。

1969 年，杰姬·索伦森在这一有氧运动的基础上，综合了体操和现代舞的特点，创编了健身舞，这便是健身徒手体操运动的早期形态。健身舞的娱乐性强，而且简单易学，因此迅速在美国兴起，并掀起练习热潮。

发展

健身徒手体操运动的形式多样，内容丰富，深受大众喜爱，已成为大众健身和塑造形体的有效手段之一。

传播

随着遍及全球的健身热，健身徒手体操运动以其强大的生命力风靡世界。

中华人民共和国成立后，党和政府十分关心人民的身体健康，推广了各种各样的体育运动。体操运动在我国得到快速发展，成为普及面最广，参与人数最多，具有中国特色的群众性体育项目。

20世纪70年代末80年代初，世界性的"健美操热"影响我国。从80年代中后期开始，健美操运动在我国迅速发展起来。进入90年代，以徒手形式为主的健身、健美操，在学校体育和群众性体育运动中也迅速发展起来。与此同时，以竞技为目的的竞技健美操运动也开始起步。通过比赛，我国竞技健美运动的技术水平不断提高，逐渐缩小了与国际水平的差距。

为更广泛地开展群众性体育活动，增强人民体质，推动我国社会主义现代化建设事业的发展，1995年6月，国务院提出了《全民健身计划纲要》，号召全社会广泛开展全民健身运动。目前，全民健身运动在全国范围内蓬勃发展，具有中国特色的全民健身体系的框架已经初步形成。全民健身运动的开展，有利于提高人们的生活质量，丰富人们的业余文化生活，促进社会进步；有利于加强社会主义精神文明和物质文明建设，提高我国的综合国力，振奋民族精神。

健身徒手体操运动不受时间、地点、场地、天气的影响，也不受性别、年龄、体质状况和健康水平的限制。其锻炼形式丰富多样，运动强度可大可小，是促进身体健康和发展各项身体素质的重要健身项目之一。

第二节
场地和装备

健身徒手体操运动对场地和装备的要求并不高，但是高质量的场地是运动开展的前提，而良好的装备则是运动参与者顺利发挥较高水平的必要保证。

场地

一般情况下，健身徒手体操运动可以在普通场地进行，但是高水

平的训练则应该在健身馆中进行,以保证运动的舒畅,避免运动损伤的发生。

 普通场地

规格

普通场地的选择较为灵活,平坦、干净的水泥地、混凝土地和沥青地都可以用于健身徒手体操的练习。

要求

场地应空旷、通风,这有利于练习者的身体健康。

健身馆

规格 见图 1-2-1

健身馆要保持干净,地面最好铺有专业地板或地毯。

设施

健身馆一定要有镜子,这样练习者可以在镜前练习,并及时纠正自己的错误动作。表现力较好的练习者还可以在镜前一边练习一边欣赏自己优美的动作。

要求

(1)健身馆的光线必须充足,通风良好;

(2)地面应经常打扫并保持整洁,这有利于练习者的健康。

图 1-2-1

练习健身徒手体操时最好穿专门的健身服和健身鞋,这样既有利于增强动作的表现力与美感,又可避免不必要的运动损伤。

 服装

 款式　见图1-2-2

服装应随季节的变化而调整。夏天炎热,宜穿两节式健美操服或体操服;冬天寒冷,要注意服装的保暖,最好在练习的前半段穿较厚的运动外套,感觉身体发热后,再换穿健美服或体操服。

要求

(1)健身徒手体操的运动量较大,练习者的体温升高较快,排汗量较大,服装应选择吸汗效果好的材料;

(2)健身徒手体操的动作幅度较大,服装应弹性好,紧身;

(3)参加正规比赛,服装应统一,自然大方。

 鞋　见图1-2-3

鞋最好选用标准的健身鞋,如果没有,也可以用底部较软的运动鞋代替。

图1-2-2

图1-2-3

场地和装备

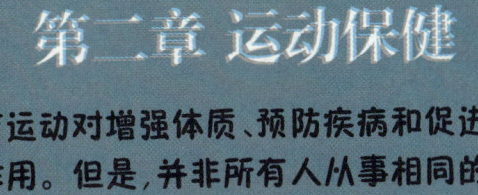

第二章 运动保健

　　体育运动对增强体质、预防疾病和促进健康具有良好的作用。但是,并非所有人从事相同的运动都会达到同样的效果。对于同一种运动负荷,不同人机体的反应差异是很大的,即使同一个体,在不同时期、不同机能状态下,对同一负荷的反应及效果也是不一样的。因此,对于不同个体,应制定适合其机能需要的运动强度、时间、频率和持续周期。从事体育锻炼一定要讲究科学性,使机体最大限度地获得运动价值,使某些疾病得到有效的防治。

第一节

自我身体评价

自我身体评价是指根据个体的不同情况以及简单的功能评定标准，对锻炼者进行身体评价，并以此为依据，确定具体的锻炼内容。

 适宜人群 ◆◆◆◆◆◆◆◆◆◆◆◆◆

体适能是全身适应性的一部分，是人体精神和体力对现代生活的适应能力。为了促进健康，预防疾病，提高生活质量和工作学习效率，几乎所有人都可以追求健康体适能，而且经过简单的评价和测试，均可以成为目标人群，即适宜人群。

健康体适能评价标准

健康体适能是指身体有足够的活力和精力处理日常事务，而不会感到过度疲劳，并且还有足够的精力去享受休闲活动和应对突发事件。

健康体适能是确定锻炼者是否为运动适宜人群的主要依据。目前的评价标准主要包括国民体质测定标准、学生体质测定标准和普通人群体育锻炼标准等。

国民体质测定标准主要包括形态指标、机能指标和素质指标 3 个部分，各项指标的测定结果均为 1~5 分，共 5 个级别。凡各项指标达不到 4 分或 5 分者，均应被纳入健身人群。

学生体质测定标准分为优秀、良好、及格和不及格 4 个级别。优秀水平以下者，均应被纳入健身人群。

普通人群体育锻炼标准分为 5 个级别，凡达不到 4 分或 5 分者，均应被纳入健身人群。

简易运动功能评定

简易运动功能评定的目的在于确定锻炼者有无运动禁忌症或临时运动禁忌的情况，即是否适合参加体育锻炼，以达到防备万一、避免意外事故发生的目的。目前通行的方式为 3 分钟踏台阶测试。

 目的

测试锻炼者运动后心率恢复的情况，以评估其心肺功能。

 器材 见图 2-1-1

30 厘米高的长凳、节拍器、秒表和时钟。

 步骤 见表 2-1-1

图 2-1-1

（1）节拍器设定为每分钟 96 次，锻炼者依"上上下下"的节拍运动 3 分钟。

（2）锻炼者完成 3 分钟踏台阶后，5 秒钟内开始测量其脉搏，时间为 1 分钟，记录其心率，并依据下表评价其功能水平。

（3）运动后心率越低，证明其心肺功能越好。在运动强度允许的范围内，锻炼者可选择运动强度的较高值来进行运动。

表 2-1-1 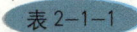 3 分钟踏台阶测试评价表

	年龄(岁)	欠佳(次)	尚可(次)	一般(次)	良好(次)	优异(次)
男士	18~25	>115	105~114	98~104	89~97	<88
	26~35	>117	107~116	98~106	89~97	<88
	36~45	>119	112~118	103~111	95~102	<94
	46~55	>122	116~121	104~115	97~103	<96
	56~65	>119	112~118	102~111	98~101	<97
	65+	>120	114~119	103~113	96~102	<95
女士	18~25	>125	117~124	107~116	98~106	<97
	26~35	>128	119~127	111~118	98~110	<97
	36~45	>128	118~127	110~117	102~109	<101
	46~55	>127	121~126	114~120	103~113	<102
	56~65	>128	118~127	112~117	104~111	<103
	65+	>128	122~127	115~121	101~114	<100

运动保健

如锻炼者经过努力仍无法达标，或出现头晕、胸闷、出冷汗等症状，应立即终止测试。运动中应特别考虑运动强度，以防止出现意外。

 锻炼目标

锻炼目标应根据锻炼者不同的身体状况来确定，可分为近期目标和远期目标。此外，确定锻炼目标还应结合锻炼者的运动意向、愿望、兴趣，以及本人的健康状况、疾病程度等因素来进行。

 **近期目标**

近期目标是指锻炼者近期应达到的目标。在进行运动之前，应首先明确锻炼目标，即近期目标。选择一两个健康体适能构成要素，作为未来两个月内努力完成的目标，而且应从成功概率较高的构成要素开始，并将预期两个月后要达到的目标做上记号，如提高某个或某些关节的活动幅度，增强某个肌肉群的力量等。

远期目标

远期目标是指锻炼者最终要达到的目标。实践证明，经过科学合理的锻炼后，锻炼者是可以达到一般的远期目标的，如提高心肺功能，使其达到优秀的等级，或达到降血脂、防治高血压和冠心病的目的等。

 **运动负荷**

运动负荷即运动量。怎样控制运动量，合适的运动时间是多少等，一直是人们争论不休的问题。但有一点是可以肯定的，那就是任何有关身体活动的意见和建议，都需要综合考虑锻炼者的身体状况和所要达到的目标，并以此为依据来制订科学的身体锻炼计划。

运动强度

在运动过程中，运动强度过小，则无法达到锻炼的效果；运动强度过大，不仅达不到最佳的锻炼效果，还可能产生一些副作用，甚至出现意外事故。确定运动强度有两种方法，即心率简易推测法和主观感觉疲劳分级表推测法。

心率简易推测法

(1)年龄在20岁左右的年轻人，身体健康，能坚持体育锻炼，欲进一步提高身体机能，可取最大心率值（最大心率值=220－年龄）的65%～85%。

(2)年龄在45岁以下，身体基本健康，有运动习惯者，开始进行健身锻炼，可取最大心率值的65%～80%，没有运动习惯者，开始进行健身锻炼，可取最大心率值的60%～75%。

(3)年龄在45岁以上，身体基本健康，有运动习惯者，开始进行健身锻炼，可取最大心率值的60%～75%，没有运动习惯者，建议根据自身情况咨询专业人员来指导和确定运动强度。

主观感觉疲劳分级表推测法 见表2-1-2

运动的疲劳程度大致分为10级，具体为：0～1级，没感觉；2～3级，尚轻松；4～5级，稍累；6～7级，累；8～9级，很累；10级，精疲力竭。因此，健身锻炼的运动强度应控制在主观感觉疲劳程度的4～7级。

表2-1-2 主观感觉疲劳分级表

0 没感觉		2 尚轻松		4 稍累		6 累		8 很累		10 精疲力竭
	·		·		·		·		·	

运动频率

运动频率是指每日及每周锻炼的次数。一般每周锻炼 3～4 次，即隔日锻炼 1 次即可。有充足的休息时间，可使机体得到充分的休息，收到更好的锻炼效果。

运动持续时间

运动强度和运动持续时间，决定了一次锻炼的运动量和热量消耗。运动持续时间与运动强度成反比，运动强度大，运动持续时间可相应缩短，运动强度小，则运动持续时间应相应延长。

一般的健身锻炼，运动持续时间以每天 20～60 分钟为宜，其中包括准备活动时间、健身锻炼时间和整理活动时间。每次健身锻炼应在 20 分钟以上，锻炼可一次性完成，也可分段进行，但每段的活动时间应在 10 分钟以上。

第二节

运动价值

运动价值是人们一直在探讨的问题。一般认为，运动具有两方面的价值，即健身价值和心理价值。身体和精神的健康是相互依存的，伴随着身体功能的改善，精神状况也能同时得到改善。

健身价值在于提高体适能。体适能包括心肺耐力素质、肌肉力量素质、柔韧性素质和身体成分等。体适能的发展是积极从事锻炼的结果，只有规律性的体育锻炼才能达到最佳的体适能。

提高心肺耐力素质

心肺耐力是指全身肌肉进行长时间运动的持久能力，是体内心肺系统对身体各细胞的供氧能力。人体的心脏、肺、血管、血液等组织的功能是心肺耐力的基础，它们与氧气和营养物质的输送以及代谢物的清除有关。健全的心肺功能是健康的基本保证。

系统的体育锻炼，可以使心肌增厚，收缩力加强，心室容积增大，从而使心脏的泵血功能增强，表现为心血输出量增加。

系统的体育锻炼，呼吸系统机能也将得到提高，表现为呼吸肌的力量增强，肺活量、肺通气量明显增加，保证对机体供氧的能力。

系统的体育锻炼，可以促进血管系统的形态、机能和调节能力产生良好的适应力，从而提高机体的工作能力。

系统的体育锻炼，可以使血液系统产生某些适应性变化，如血容量增加、血黏度下降、红细胞膜弹性增强和红细胞变形能力增强等。

 提高肌肉力量素质

肌肉力量是指肌肉最大收缩产生的对抗阻力或负荷的能力。肌肉力量只有达到一定的程度，才能克服外界阻力，而克服外界阻力是维持日常生活自理、从事各种劳动和运动的必要前提。

系统的体育锻炼，可以提高肌肉的生理横断面积，可以改善神经系统对肌肉收缩的支配功能，还可以提高肌肉内代谢物质的储备量，使肌肉力量得到提高。

 提高柔韧性素质

柔韧性是指人体各关节的活动幅度，即关节的肌肉、肌腱和韧带等软组织的伸展能力。柔韧性对于保证正常生活质量、维持正常体态、预防损伤发生和减轻损伤程度等方面均起到至关重要的作用。

运动价值

系统的体育锻炼，还可以延缓因年龄因素而导致的柔韧性下降，预防因缺乏运动而导致的关节结构、周围软组织和膝关节肌肉退化，从而使锻炼者的日常生活、劳动和运动等更加充满活力。

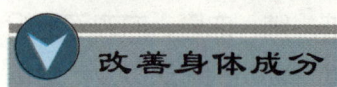

改善身体成分

身体成分是指人体体重中的脂肪组织和去脂组织的重量百分比。身体成分中的脂肪成分增加，肌肉成分必然下降。身体中不具备收缩功能的脂肪组织增加，必然导致身体进行各种活动的能力下降，基础代谢水平降低，肥胖症、冠心病、高血压、糖尿病、高血脂等慢性疾病发病率的提高。因此，身体成分是保证人体健康的重要内容之一。

通过系统的体育锻炼，随着锻炼者体质的增强，热量消耗便随之增加，进而燃烧掉体内多余的脂肪，使身体成分得到改善。而身体成分的改善，又可以减少体重对关节可能带来的不利影响，还可以使肥胖者的心理状况得到改善，增强其自信心，使其逐步建立起健康的生活方式。

心理价值

研究证明，有规律的体育锻炼不但可以使锻炼者增强体质、促进身体健康、预防一些慢性疾病，还可以提高锻炼者的生活满意度和生活质量，对其心理健康产生积极影响。

体育锻炼的心理健康效应主要表现在六个方面：

改善情绪状态

短期效应

研究发现，体育锻炼对人的情绪状态具有显著的短期效应。运动后人们的焦虑、抑郁、紧张和心理紊乱等症状会明显减轻，而精力和愉快程度则明显增强。而且这种情绪的迅速变化，与锻炼者个体的健康状况、活动形式和活动强度等有着直接的联系。

 长期效应

　　体育锻炼对人情绪的长期效应有着直接的影响，与不锻炼者相比，有规律的锻炼者在较长时期内很少会产生焦虑、抑郁、紧张和心理紊乱等情绪。

 **完善个性行为特征** 见表 2-2-1

　　人们的行为特征一般可以分为两种类型，用 A 型行为特征和 B 型行为特征来表示。A 型行为特征主要表现为性情急躁、争强好胜、容易激动、整天忙碌和做事效率高等。B 型行为特征主要表现为不好竞争、不易紧张、不赶时间、对人随和、喜欢自由自在等。具有 A 型行为特征的人由于过度紧张的情绪反应，会引起内分泌失调，增加心脏病发病的概率。目前的一些研究主要集中在体育锻炼对改变 A 型行为特征的作用方面。研究结果表明，有规律的体育锻炼能明显改变 A 型行为特征。

表 2-2-1　A、B 型个性行为特征常见表现

A 型行为特征者常见表现	B 型行为特征者常见表现
约会从来不迟到	对约会很随便
竞争意识很强	竞争意识不强
别人要讲话时总爱抢先或插话	是别人讲话时很好的听众
总是匆匆忙忙	即使有压力也从不匆忙
等待时缺乏耐心	能够耐心等待
干事时全力以赴	处事漫不经心
同时想干很多事	在一段时间里只干一件事情
讲话喜欢用加强语气，甚至敲桌子	讲话语速缓慢、不慌不忙
做了好事希望能得到别人的认可	只要自己满意即可，不管别人怎样想
吃饭、走路都很快	做事情很慢
不善与人相处	为人随和
容易暴露自己的感情	能控制自己的感情
具有广泛的兴趣	没什么业余爱好
雄心壮志	满足于目前的工作和学习状况

运动价值

确立良好自我概念

自我概念是指个体对自己身体、思想和情感的主观整体评价，它由许多自我认识组成，包括我是什么人、我主张什么和我喜欢什么等。

坚持体育锻炼，可以使锻炼者体格强健、精力充沛、提高驾驭身体的能力，从而改善对自身的满意程度，确立良好的自我概念。

改变睡眠模式

根据脑电图的显示，人的睡眠可以分为两种状态，即慢波睡眠状态和快波睡眠状态。前者为浅度睡眠状态，后者为深度睡眠状态。一夜之间两种睡眠状态会交替发生 4～5 次。

有规律的体育锻炼不仅对慢波睡眠有促进作用，而且能缩短入眠的潜伏期，并延长睡眠的时间。

改善认知能力

体育锻炼还能改善人的认知过程，避免反应时间过长、注意力不集中和思维混乱等症状的发生，尤其对老年人的认知能力改善效果更为明显。

增加心理治疗效应

体育锻炼被公认为是一种心理治疗的好方法。目前人群中常见的心理疾患是抑郁症和焦虑症。研究发现，体育锻炼是治疗抑郁症的有效手段之一，抑郁症患者经过有规律的体育锻炼，抑郁症状能明显减轻。

体育锻炼还具有治疗焦虑症的作用，通过有规律的体育锻炼，可以使锻炼者的焦虑症状明显改善。

第三节

运动保护

在运动过程中，人体机能会随时发生变化。因此，应针对这种机能变化的特点来进行体育锻炼，也就是我们所说的运动保护。运动保护一般包括运动前准备、运动后放松和自我养护三个方面。

 运动前准备

准备活动是指在正式运动之前进行的有目的的身体练习。做好充分的准备活动，可以缩短机体进入最佳状态的时间，同时还可以预防运动损伤的发生，为机体发挥最大的工作效率做好功能上的准备。

▼ 准备活动的作用

❋ 提高中枢神经系统兴奋状态

(1)使大脑反应速度加快，参加活动的运动中枢神经相互协调。

(2)为正式运动时生理机能达到适宜程度提前做好准备。

❋ 提高机体代谢水平

(1)准备活动可以使锻炼者体温升高，降低肌肉黏滞性，使肌肉的伸展性、柔韧性和弹性增强，从而有效预防运动损伤的发生。

(2)准备活动可以增强体内代谢酶的活性，使物质代谢水平提高，以保证运动时有较充分的能量供应。

❋ 克服内脏器官生理惰性

(1)准备活动可以提高心血管系统和呼吸系统的机能水平，使肺通气量及心血输出量增加。

(2)可以使心肌和骨骼肌的毛细血管扩张，使其工作肌获得更多的氧，从而克服内脏器官的生理惰性，使之尽快达到最佳状态。

增加皮肤毛细血管血流量

准备活动可以使皮肤毛细血管的血流量增加，运动后毛细血管扩张，有利于散热，降低体温，有效防止开始正式活动时由于体温过高而影响运动能力。

准备活动要求

准备活动时间

(1)准备活动的时间可以根据运动项目的具体情况确定，一般以10～30分钟为宜。

(2)准备活动与正式运动的间隔时间，一般以不超过15分钟为宜，可以在做完准备活动后立刻进行正式运动。

准备活动强度

(1)准备活动的强度和量应较正式运动小，以免引起不必要的疲劳。

(2)准备活动的量可以由心率来决定，心率以100～120次／分为宜。

准备活动内容

一般性准备活动

一般性准备活动的内容多以伸展运动开始，然后进行一般性的跑步、徒手体操等活动。

下面介绍一套常用的一般性准备活动操，供锻炼者运动前使用。这套活动操主要包括头部运动、肩部运动、扩胸运动、体侧运动、体转运动、髋部运动和踢腿运动等。

图 2-3-1

头部运动

头部运动的动作方法（见图2-3-1）：两手叉腰，两脚左右开立，做头部向前、向后、向左、向右，以及绕环运动。

肩部运动

肩部运动的动作方法（见图2-3-2）：手扶肩部，屈臂向前、向后绕环，以及直臂绕环。

扩胸运动

扩胸运动的动作方法（见图2-3-3）：屈臂向后振动及直臂向后振动。

体侧运动

体侧运动的动作方法（见图2-3-4）：两脚左右开立，一手叉腰，另一臂上举，并随上体向对侧振动。

体转运动

体转运动的动作方法（见图2-3-5）：两脚左右开立，两臂体前屈，身体向左、向右有节奏地扭转。

髋部运动

髋部运动的动作方法（见图2-3-6）：两脚左右开立，两手叉腰，髋关节放松，向左、向右360度旋转。

图 2-3-2

图 2-3-3

踢腿运动

踢腿运动的动作方法（见图 2-3-7）：两臂上举后振，同时一腿向后半步，重心置于前腿，两臂下摆后振，同时向前上方踢腿。

图 2-3-4

图 2-3-5

图 2-3-6

图 2-3-7

专门性准备活动

专门性准备活动的动作方法、节奏和强度等与正式锻炼相似，目的是使人体主要肌群在运动前得到动员，为正式锻炼做好准备。

运动后放松

运动后放松是指运动之后所进行的一些能够加速机体功能恢复的、较轻松的身体活动。与运动前准备活动相反，其目的是使锻炼者的生理机能水平逐步得到恢复。

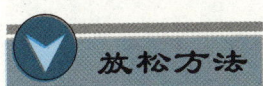

放松方法

运动性手段

（1）运动结束后，锻炼者可采用变换运动部位的方法来消除疲劳，如上肢出现疲劳时可做一些慢跑运动，下肢出现疲劳时可做一些上肢运动。

（2）转换运动类型也是一种不错的放松方法，如打羽毛球出现疲劳时，可从事瑜伽运动来达到放松的目的。

（3）还可以用调整运动强度的方法来缓解疲劳，如可以在放松过程中，采用小强度的轻微运动方法等。

整理活动　见图 2-3-8

（1）整理活动是指运动后所做的一些能够加速机体功能恢复的身体活动，如剧烈运动后进行 3～5 分钟慢跑或其他整理活动，使身体机能得以恢复。

（2）剧烈运动后如不做整理活动而骤然停止动作，会影响氧气的补充和静脉血的回流，使机体血压降低，引起不良反应。

图 2-3-8

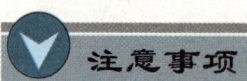

（1）在进行整理活动时动作应缓慢、放松，运动量不要过大，否则会引起新的疲劳。

（2）在进行整理活动时，应当保持心情舒畅、精神愉快。

锻炼后，锻炼者感觉身体疲劳是一种正常的生理现象，是体育锻炼过程中的正常反应，随着体育锻炼时间的延长，疲劳症状会自然消失。运动性疲劳出现后，锻炼者如果采用一些自我养护措施，可以加速身体机能的恢复，尽快消除疲劳，提高锻炼效果。常见的自我养护方法主要包括运动后休息、合理营养和物理手段等三种。

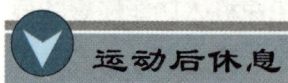

静止性休息　见图 2-3-9

（1）静止性休息是指锻炼者运动后保持机体相对的静止状态，以促进身体机能的恢复，尽快消除疲劳。

（2）静止性休息的最佳方式之一是睡眠，特别是刚开始从事锻炼者，身体不适应或疲劳症状明显时，更应该保证足够的睡眠，否则，锻炼者虽然积极参加了体育锻炼，但收效甚微，甚至会导致过度疲劳症状的发生。

（3）静止性休息更适合于消除全身运动导致的整体疲劳症状。

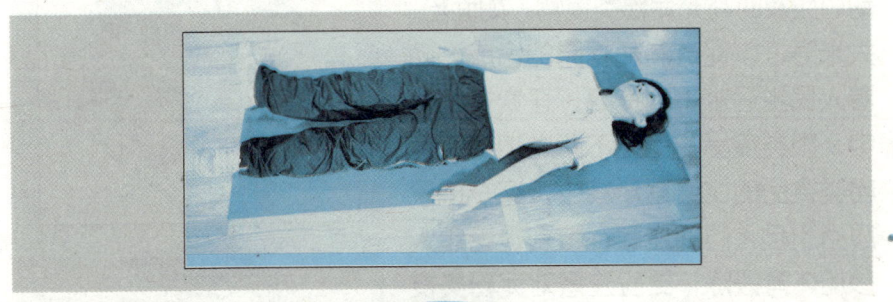

图2—3—9

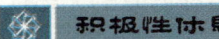
（1）积极性休息更适合由于少量肌肉群参与工作而导致的局部疲劳，或运动强度较大而导致的快速疲劳。

（2）积极性休息可以加速血液循环，有利于代谢物排出体外，对促进身体机能的恢复具有明显的效果。

图2—3—10

 见图 2-3-11

小强度、长时间的运动形式，主要是靠糖原的有氧代谢提供能量。运动后应及时补充淀粉类食物，如面粉、大米等，以促进消耗糖原的合成。随着人民生活水平的提高，在饮食结构中，肉类食品的比重不断增加，而淀粉类食品的比重逐渐减少，这一现象应当引起人们的注意，特别是老年人参加体育锻炼，更应注意对淀粉类食物的补充。

图 2-3-11

强度较大、时间又相对较长的运动形式，主要是靠糖原的无氧代谢提供能量。这样，糖原无氧代谢产物——乳酸便会在体内大量堆积。因此，运动后应多补充蔬菜、水果等碱性食品，以加速乳酸的清除，达到尽快消除疲劳的目的。

物理手段

按摩及牵拉 见图 2-3-12

（1）通过刺激神经末梢、皮肤结缔组织和毛细血管的按摩方法，可以使紧张的肌肉得以放松，从而改善局部组织和全身的血液循环，达到促进身体机能恢复的目的，这种方法可以在锻炼后马上进行。

（2）此外，还可以采取缓慢牵拉肌肉的方法，使收缩的肌肉得到充分的伸展放松。

水疗及电疗

（1）水疗包括芬兰式蒸汽浴、热水浴和桑拿浴等多种形式，主要作用是通过提高体温，促进血液循环，清除代谢物，以达到尽快消除疲劳、恢复体力的目的。

（2）水疗的时间一般以不超过 30 分钟为宜，如果时间过长，会进一步消耗体力，严重时甚至会出现暂时性脑缺血现象。

（3）如果条件允许，还可对疲劳的肌肉进行低频治疗。低频治疗仪的原理是模拟针灸疗法，使用时将电极用不干胶对称地粘贴在运动部位表皮上。这种疗法可以促进局部血液循环，改善组织代谢，缓解肌肉酸痛，消除疲劳。

图 2-3-12

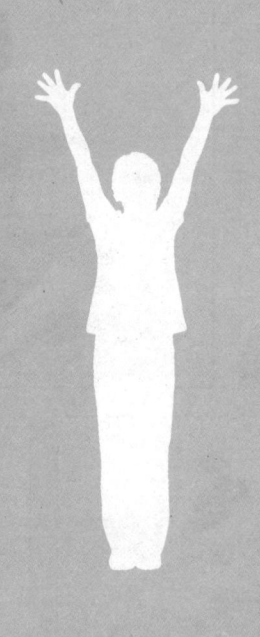

第三章 基本技术

　　基本技术动作是健身徒手体操最小的动作元素单位,也是练习此项运动的基础。健身徒手体操的动作并不复杂,只要掌握其元素动作及其变化规律,练习过程就会变得简单很多。基本技术包括头颈动作、上肢动作、躯干动作和下肢动作等。

第一节

头颈动作

头颈动作是健身徒手体操的基本技术动作之一,在健身徒手体操练习中具有重要作用。头颈动作包括屈、转和绕与绕环等。

 **屈** ◆◆◆◆◆◆◆◆◆◆◆

屈是指头颈弯曲成一定角度,在某一方位停止不动的姿势,包括前屈、后屈、左屈和右屈等。在日常生活中,屈的应用非常广泛。

前屈

动作方法 见图 3-1-1

两脚并拢自然站立,两手叉腰,挺胸,收腹,头部向前点。

技术要点

头部向前点时,动作要缓慢,充分拉伸后颈的肌肉。

错误纠正

练习时易出现动作幅度小,节奏掌握不好等问题。因此,应对照镜子或在指导人员帮助下进行练习。

伤害预防

为减少对颈部肌肉的伤害,在做前屈动作时,应掌握好动作节奏,使动作尽量规范。

图 3-1-1

 **后屈**

 **动作方法** 见图 3-1-2

　　两脚并拢自然站立，两手叉腰，挺胸，收腹，头部向后仰。

 **技术要点**

　　头部向后仰时，动作要缓慢，充分拉伸前颈的肌肉。

 **错误纠正**

　　练习时易出现动作幅度小，节奏掌握不好等问题。因此，应对照镜子或在指导人员帮助下进行练习。

 **伤害预防**

　　为减少对颈部肌肉的伤害，在做后屈动作时，应掌握好动作节奏，使动作尽量规范。

图 3-1-2

 **左屈**

 **动作方法** 见图 3-1-3

　　两脚并拢自然站立，两手叉腰，挺胸，收腹，头部向左侧倒。

 **技术要点**

　　头部向左侧倒时，动作要缓慢，充分拉伸右颈的肌肉。

 **错误纠正**

　　练习时易出现动作幅度小，节奏掌握不好等问题。因此，应对照镜子或在指导人员帮助下进行练习。

图 3-1-3

头颈动作

伤害预防

为减少对颈部肌肉的伤害,在做左屈动作时,应掌握好动作节奏,使动作尽量规范。

▼ 右屈

动作方法 见图 3-1-4

两脚并拢自然站立,两手叉腰,挺胸,收腹,头部向右侧倒。

技术要点

头部向右侧倒时,动作要缓慢,充分拉伸左颈的肌肉。

错误纠正

练习时易出现动作幅度小,节奏掌握不好等问题。因此,应对照镜子或在指导人员帮助下进行练习。

图 3-1-4

伤害预防

为减少对颈部肌肉的伤害,在做右屈动作时,应掌握好动作节奏,使动作尽量规范。

转是指头颈围绕着身体的纵轴进行旋转的动作,包括左转和右转等。在日常生活中,转的应用也非常广泛。

▼ 左转

动作方法 见图 3-1-5

两脚并拢自然站立,两手叉腰,挺胸,收腹,头部向左转动 90 度。

✿ 技术要点

头部向左转动时,头部与身体保持在中线上,动作要缓慢,充分拉伸右颈的肌肉。

✿ 错误纠正

练习时易出现头部未垂直进行转动,节奏掌握不好等问题。因此,应对照镜子或在指导人员帮助下进行练习。

✿ 伤害预防

为减少对颈部肌肉的伤害,在做左转动作时,应掌握好动作节奏,使动作尽量规范。

图 3-1-5

 右转

✿ 动作方法　见图 3-1-6

两脚并拢自然站立,两手叉腰,挺胸,收腹,头部向右转动 90 度。

✿ 技术要点

头部向右转动时,头部与身体保持在中线上,动作要缓慢,充分拉伸左颈的肌肉。

✿ 错误纠正

练习时易出现头部未垂直进行转动,节奏掌握不好等问题。因此,应对照镜子或在指导人员帮助下进行练习。

图 3-1-6

头颈动作

 基本技术

伤害预防

为减少对颈部肌肉的伤害，在做右转动作时，应掌握好动作节奏，使动作尽量规范。

绕与绕环

头颈部做 180 度以上，360 度以下的弧形运动为绕；做超过 360 度以上的圆周运动为绕环。日常生活中，进行绕与绕环动作练习，可以缓解颈部疲劳。

绕

动作方法 见图 3-1-7

两脚并拢自然站立，两手叉腰，挺胸、收腹，头部做一周向前、右、后、左屈或向前、左、后、右屈的动作。

技术要点

头部做绕的动作时，要匀速、缓慢，均匀拉伸颈部的肌肉。

错误纠正

练习时易出现运动节奏差等问题。因此，应对照镜子或在指导人员帮助下进行练习。

图 3-1-7

伤害预防

为减少对颈部肌肉的伤害，在做绕的动作时，应掌握好动作节奏，使动作尽量规范。

绕环

动作方法 见图 3-1-8

两脚并拢自然站立，两手叉腰，挺胸，收腹，头部向右或向左做一周以上前、右、后、左屈或前、左、后、右屈的动作。

❀ 技术要点

头部做绕环的动作时，要匀速、缓慢，均匀拉伸颈部的肌肉。

❀ 错误纠正

练习时易出现运动节奏差等问题。因此，应对照镜子或在指导人员帮助下进行练习。

❀ 伤害预防

为减少对颈部肌肉的伤害，在做绕环的动作时，应掌握好动作节奏，使动作尽量规范。

图 3-1-8

第二节

上肢动作

上肢动作是健身徒手体操的基本技术动作之一，在动作编排中具有重要的作用。将上肢动作按照一定的要求，进行不同方位、强度、节奏的组合和编排，则会产生不同难度、不同风格、不同视觉效果的健身徒手体操成套动作。上肢动作包括举、振、屈、伸和绕与绕环等。

举是指上肢伸直，由低向高举起至某一方位停止不动的姿势。举包括前平举、上举、侧平举、前上举、前下举、侧上举和侧下举等。经常练习举的动作，可以加速血液循环，提高机体的工作能力。

❀ 动作方法　见图 3-2-1

两脚并拢自然站立，抬头，挺胸，收腹，两臂体前抬起，平行于地面。

技术要点

练习时,两臂伸直,平行于地面。

错误纠正

练习时易出现手臂伸不直等问题。因此,应对照镜子或在指导人员帮助下进行练习。

伤害预防

为减少对肩关节的伤害,应按照规范动作进行练习。

图 3—2—1

上举

动作方法 见图 3—2—2

两脚并拢自然站立,抬头,挺胸,收腹,两臂体侧抬起,垂直于地面。

技术要点

练习时,两臂伸直,与地面呈90度角。

错误纠正

练习时易出现手臂伸不直等问题。因此,应对照镜子或在指导人员帮助下进行练习。

伤害预防

为减少对肩关节的伤害,应按照规范动作进行练习。

图 3—2—2

 **侧平举**

动作方法 见图 3-2-3

两脚并拢自然站立,抬头,挺胸,收腹,两臂体侧抬起,平行于地面。

技术要点

练习时,两臂伸直,平行于地面。

错误纠正

练习时易出现手臂伸不直等问题。因此,应对照镜子或在指导人员帮助下进行练习。

伤害预防

为减少对肩关节的伤害,应按照规范动作进行练习。

图 3-2-3

 **前上举**

动作方法 见图 3-2-4

两脚并拢自然站立,抬头,挺胸、收腹,两臂体前抬起,与上体呈135 度角。

技术要点

练习时,两臂伸直,与上体呈135 度角。

错误纠正

练习时易出现手臂伸不直等问题。因此,应对照镜子或在指导人员帮助下进行练习。

伤害预防

为减少对肩关节的伤害,应按照规范动作进行练习。

图 3-2-4

▼ 前下举

❀ 动作方法 见图3-2-5

两脚并拢自然站立，抬头，挺胸、收腹，两臂体前抬起，与上体呈45度角。

❀ 技术要点

练习时，两臂伸直，与上体呈45度角。

❀ 错误纠正

练习时易出现手臂伸不直等问题。因此，应对照镜子或在指导人员帮助下进行练习。

❀ 伤害预防

为减少对肩关节的伤害，应按照规范动作进行练习。

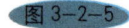

图3-2-5

▼ 侧上举

❀ 动作方法 见图3-2-6

两脚并拢自然站立，抬头，挺胸，收腹，两臂体侧抬起，与上体呈135度角。

❀ 技术要点

练习时，两臂伸直，与上体呈135度角。

❀ 错误纠正

练习时易出现手臂伸不直等问题。因此，应对照镜子或在指导人员帮助下进行练习。

❀ 伤害预防

为减少对肩关节的伤害，应按照规范动作进行练习。

图3-2-6

基本技术

 侧下举

🔆 动作方法 见图 3-2-7

两脚并拢自然站立，抬头，挺胸，收腹，两臂体侧抬起，与上体呈45度角。

🔆 技术要点

练习时，两臂伸直，与上体呈45度角。

🔆 错误纠正

练习时易出现手臂伸不直等问题。因此，应对照镜子或在指导人员帮助下进行练习。

🔆 伤害预防

为减少对肩关节的伤害，应按照规范动作进行练习。

图 3-2-7

 振 ◆◆◆◆◆◆◆◆◆

振是指上肢向某个方向做最大幅度的加速摆动，包括上下振、后振和侧振等。通过振的练习，可以提高练习者上肢的柔韧性。

 上下振

🔆 动作方法 见图 3-2-8

两脚并拢自然站立，抬头、挺胸、收腹，两臂交替做上举和下举，同时向后加速摆动。

图 3-2-8

✴ 技术要点

练习时,两臂应做最大幅度的加速摆动。

✴ 错误纠正

练习时易出现两臂摆动幅度小,加速不足等问题。因此,应对照镜子或在指导人员帮助下进行练习。

✴ 伤害预防

为减少对上肢韧带的伤害,练习时应逐步增大摆动的幅度。

✴ 动作方法　见图3-2-9

两脚并拢自然站立,抬头,挺胸,收腹,两臂侧平举,向后做加速摆动。

✴ 技术要点

练习时,两臂应做最大幅度的加速摆动。

✴ 错误纠正

练习时易出现两臂摆动幅度小,加速不足等问题。因此,应对照镜子或在指导人员帮助下进行练习。

✴ 伤害预防

为减少对上肢韧带的伤害,练习时应逐步增大摆动的幅度。

图3-2-9

✴ 动作方法　见图3-2-10

两脚并拢自然站立,抬头,挺胸,收腹,两臂侧上、侧下举,向体后做加速摆动。

练习时,两臂应做最大幅度的加速摆动。

❋ 错误纠正

练习时易出现两臂摆动幅度小,加速不足等问题。因此,应对照镜子或在指导人员帮助下进行练习。

❋ 伤害预防

为减少对上肢韧带的伤害,练习时应逐步增大摆动的幅度。

图 3-2-10

屈是指上肢关节弯曲或缩小呈一定角度,在某一方位停止不动的姿势,包括胸前屈、肩侧屈、头后屈、腰侧屈和胸前平屈等。通过屈的练习,可以培养练习者正确的身体姿态。

 胸前屈

❋ 动作方法 见图 3-2-11

两脚并拢自然站立,抬头,挺胸,收腹,两臂胸前屈肘,前臂与地面垂直。

❋ 技术要点

练习时,两臂弯曲或缩小的角度要符合要求。

图 3-2-11

 错误纠正

练习时易出现两臂弯曲或缩小的角度不符合要求等问题。因此，应对照镜子或在指导人员帮助下进行练习。

伤害预防

为减少对肩关节和肘关节的伤害，应按照规范动作进行练习。

肩侧屈

动作方法 见图3-2-12

两脚并拢自然站立，抬头，挺胸，收腹，两臂体侧屈肘，前臂与地面垂直。

技术要点

练习时，不要耸肩，两臂弯曲或缩小的角度要符合要求。

图3-2-12

错误纠正

练习时易出现耸肩，两臂弯曲或缩小的角度不符合要求等问题。因此，应对照镜子或在指导人员帮助下进行练习。

伤害预防

为减少对肩关节和肘关节的伤害，应按照规范动作进行练习。

头后屈

动作方法 见图3-2-13

两脚并拢自然站立，抬头，挺胸，收腹，两臂头后屈肘，肘关节高于肩关节。

技术要点

练习时，肘关节要高于肩关节，两臂弯曲或缩小的角度要符合要求。

错误纠正

练习时易出现两臂弯曲或缩小的角度不符合要求等问题。因此,应对照镜子或在指导人员帮助下进行练习。

伤害预防

为减少对肩关节和肘关节的伤害,应按照规范动作进行练习。

图 3-2-13

腰侧屈

动作方法 见图 3-2-14

两脚并拢自然站立, 抬头,挺胸,收腹,两臂腰部屈肘,前臂与地面平行。

技术要点

练习时, 前臂与地面平行,两臂弯曲或缩小的角度要符合要求。

错误纠正

练习时易出现前臂与地面出现夹角,两臂弯曲或缩小的角度不符合要求等问题。因此,应对照镜子或在指导人员帮助下进行练习。

伤害预防

为减少对肩关节和肘关节的伤害,应按照规范动作进行练习。

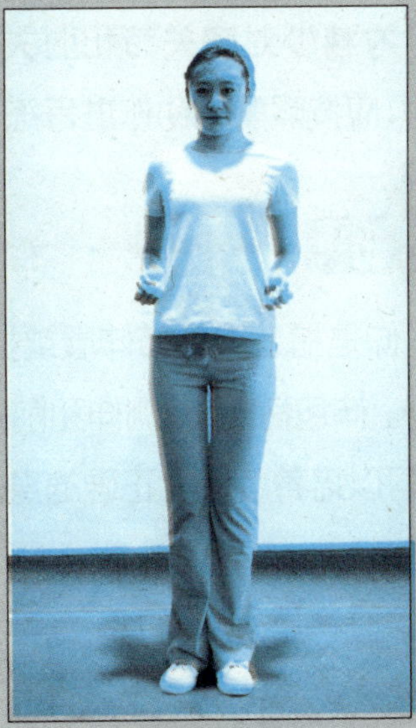

图 3-2-14

 胸前平屈

动作方法 见图3-2-15

两脚并拢自然站立，抬头，挺胸，收腹，两臂胸前屈肘，前臂与地面平行。

技术要点

练习时，前臂与地面平行，两臂弯曲或缩小的角度要符合要求。

错误纠正

练习时易出现前臂与地面出现夹角，两臂弯曲或缩小的角度不符合要求等问题。因此，应对照镜子或在指导人员帮助下进行练习。

伤害预防

为减少对肩关节和肘关节的伤害，应按照规范动作进行练习。

图3-2-15

 伸 ◆◆◆◆◆◆◆◆

伸是指上肢关节伸展或扩大呈一定角度，在某一方位停止不动的姿势。伸包括上伸、侧伸和前伸等。伸的练习要配合屈的动作，通过练习，可以培养练习者正确的身体姿态。

 上伸

动作方法 见图3-2-16

两脚并拢自然站立，抬头，挺胸，收腹，两臂向上抬起，并超过肩关节水平面，手臂各关节依次伸展。

技术要点

上肢关节充分伸展。

错误纠正

练习时易出现上肢伸展不够充分等问题。因此,应对照镜子或在指导人员帮助下进行练习。

伤害预防

为减少对肩关节和肘关节的伤害,应按照规范动作进行练习。

图 3-2-16

 侧伸

动作方法 见图 3-2-17

两脚并拢自然站立,抬头、挺胸、收腹,两臂向两侧抬起,至平行于地面,手臂各关节依次伸展。

技术要点

上肢关节充分伸展。

错误纠正

练习时易出现上肢伸展不够充分等问题。因此,应对照镜子或在指导人员帮助下进行练习。

伤害预防

为减少对肩关节和肘关节的伤害,应按照规范动作进行练习。

图 3-2-17

 前伸

动作方法 见图3-2-18

两脚并拢自然站立，抬头，挺胸，收腹，两臂向前抬起，至平行于地面，手臂各关节依次伸展。

技术要点

上肢关节充分伸展。

错误纠正

练习时易出现上肢伸展不够充分等问题。因此，应对照镜子或在指导人员帮助下进行练习。

伤害预防

为减少对肩关节和肘关节的伤害，应按照规范动作进行练习。

图 3-2-18

 绕与绕环

上肢做180度以上，360度以下的弧形运动为绕；做360度以上的圆形运动为绕环。在日常生活中，进行绕与绕环动作练习，可以提高练习者上肢的柔韧性和灵活性。

 绕

动作方法 见图3-2-19

两脚并拢自然站立，抬头，挺胸，收腹，上肢向不同方向做大于180度，小于360度的摆动。

练习时,上肢摆动角度应大于 180 度,小于 360 度。

❋ **错误纠正**

练习时易出现动作幅度小,未达到要求等问题。因此,应对照镜子或在指导人员帮助下进行练习。

❋ **伤害预防**

为减少对肩关节和肘关节的伤害,应按照规范动作进行练习。

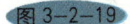
图 3-2-19

 **绕环**

❋ **动作方法** 见图 3-2-20

两脚并拢自然站立,抬头、挺胸、收腹,上肢向不同方向做大于 360 度的摆动。

❋ **技术要点**

练习绕的动作时,上肢摆动角度应大于 360 度。

❋ **错误纠正**

练习时易出现动作幅度小,未达到要求等问题。因此,应对照镜子或在指导人员帮助下进行练习。

❋ **伤害预防**

为减少对肩关节和肘关节的伤害,应按照规范动作进行练习。

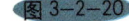
图 3-2-20

第三节

躯干动作

躯干动作是健身徒手体操的基本技术动作之一，主要与上肢和下肢进行配合练习。经常练习躯干动作，对于增强练习者腹背肌的柔韧性和提高内脏器官功能都有帮助。躯干动作包括屈、转、绕与绕环和倾等。

屈 ◆━◆━◆━◆━◆━◆━◆

屈是指躯干弯曲呈一定角度，在某一方位停止不动的姿势。在日常生活中，躯干屈的应用非常广泛，包括前屈、后屈、左屈和右屈等。

前屈

 动作方法 见图3-3-1

两脚自然开立与肩同宽，抬头，挺胸，收腹，上体向前弯曲至一定幅度。

 技术要点

躯干向前弯曲，做最大限度的屈伸运动。

 错误纠正

练习时易出现弯曲幅度小等问题。因此，在进行前屈动作练习时应加大动作幅度。

 伤害预防

为减少对腰腹部肌肉的伤害，在练习前屈动作时，应掌握好动作节奏。

图3-3-1

▼ 后屈

❀ 动作方法　见图3-3-2

两脚自然开立与肩同宽，抬头，挺胸，收腹，上体向后弯曲一定幅度。

❀ 技术要点

躯干向后弯曲，做最大限度的屈伸运动。

❀ 错误纠正

练习时易出现弯曲幅度小等问题。因此，在进行后屈动作练习时应加大动作幅度。

❀ 伤害预防

为减少对腰腹部肌肉的伤害，在练习后屈动作时，应掌握好动作节奏。

图3-3-2

▼ 左屈

❀ 动作方法　见图3-3-3

两脚自然开立与肩同宽，抬头，挺胸，收腹，上体向左侧弯曲一定幅度。

❀ 技术要点

躯干向左弯曲，做最大限度的屈伸运动。

❀ 错误纠正

练习时易出现弯曲幅度小等问题。因此，在进行左屈动作练习时应加大动作幅度。

❀ 伤害预防

为减少对腰腹部肌肉的伤害，在练习左屈动作时，应掌握好动作节奏。

图3-3-3

▼ 右屈

❀ 动作方法　见图 3-3-4

两脚自然开立与肩同宽，抬头，挺胸，收腹，上体向右侧弯曲一定幅度。

❀ 技术要点

躯干向右弯曲，做最大限度的屈伸运动。

❀ 错误纠正

练习时易出现弯曲幅度小等问题。因此，在进行后屈动作练习时应加大动作幅度。

❀ 伤害预防

为减少对腰腹部肌肉的伤害，在练习后屈动作时，应掌握好动作节奏。

图 3-3-4

▼ 转

转是指躯干围绕着身体的纵轴进行旋转的动作。在日常生活中躯干转的应用非常广泛，包括左转和右转等。

▼ 左转

❀ 动作方法　见图 3-3-5

两脚自然开立与肩同宽，两手叉腰，抬头，挺胸，收腹，上体向左转动。

❀ 技术要点

下肢不动，上体直立，向左转动。

图 3-3-5

错误纠正

练习时易出现身体未直立转动等问题。因此,应对照镜子或在指导人员帮助下进行练习。

伤害预防

为减少对腰背部肌肉的伤害,在练习左转动作时,应掌握好动作节奏。

 右转

动作方法 见图 3-3-6

两脚自然开立与肩同宽,两手叉腰,抬头,挺胸,收腹,上体向右转动。

技术要点

下肢不动,上体直立,向右转动。

错误纠正

练习时易出现身体未直立转动等问题。因此,应对照镜子或在指导人员帮助下进行练习。

伤害预防

为减少对腰背部肌肉的伤害,在练习右转动作时,应掌握好动作节奏。

图 3-3-6

绕与绕环

躯干做 180 度以上,360 度以下的弧形运动为绕;做超过 360 度以上的圆形运动为绕环。在日常生活中,进行绕与绕环动作练习,可以缓解练习者腰背部疲劳。

绕

动作方法 见图3-3-7

两脚自然开立与肩同宽，两手叉腰，抬头，挺胸，收腹，躯干做一周向前、右、后、左屈或向前、左、后、右屈的动作。

技术要点

躯干在做动作时要匀速，掌握好节奏。

错误纠正

练习时易出现动作节奏感差等问题。因此，在进行绕的动作练习时应匀速地进行绕动。

伤害预防

为减少对腰腹部肌肉的伤害，在练习绕的动作时，应掌握好动作节奏。

图3-3-7

绕环

动作方法 见图3-3-8

两脚自然开立与肩同宽，两手叉腰，抬头、挺胸、收腹，躯干做超过一周向前、右、后、左屈或向前、左、后、右屈的动作。

图3-3-8

技术要点

躯干在做动作时要匀速，掌握好节奏。

错误纠正

练习时易出现动作节奏感差等问题。因此，在进行绕环动作练习时应匀速地进行。

伤害预防

为减少对腰腹部肌肉的伤害，在练习绕环动作时，应掌握好动作节奏。

倾是指躯干偏离垂直面，但不失去平衡的姿势。在日常生活中，躯干倾的应用非常广泛，包括前倾、后倾、左倾和右倾等。

前倾

动作方法 见图 3-3-9

两脚并拢自然站立，抬头、挺胸、收腹，躯干配合上下肢向前倾，保持头部、上体、躯干、下肢在同一平面内。

技术要点

身体重心偏移，但不失去平衡。

错误纠正

练习时易出现身体重心未偏离垂线等问题。因此，应对照镜子或在指导人员帮助下进行练习。

伤害预防

为减少对髋关节的伤害，应按照规范动作进行练习。

图 3-3-9

后倾

动作方法 见图 3-3-10

两脚并拢自然站立，抬头、挺胸、收腹，躯干配合上下肢向后倾，保持头部、上体、躯干、下肢在同一平面内。

技术要点

身体重心偏移，但不失去平衡。

图 3-3-10

错误纠正

练习时易出现身体重心未偏离垂线等问题。因此,应对照镜子或在指导人员帮助下进行练习。

伤害预防

为减少对髋关节的伤害,应按照规范动作进行练习。

左倾

动作方法 见图 3-3-11

两脚并拢自然站立,抬头、挺胸、收腹,躯干配合四肢向左侧倾,保持头部、上体、躯干、下肢在同一平面内。

技术要点

身体重心偏移,但不失去平衡。

图 3-3-11

错误纠正

练习时易出现身体重心未偏离垂线等问题。因此,应对照镜子或在指导人员帮助下进行练习。

伤害预防

为减少对髋关节的伤害,应按照规范动作进行练习。

右倾

动作方法 见图 3-3-12

两脚并拢自然站立,抬头、挺胸、收腹,躯干配合四肢向右侧倾,保持头部、上体、躯干、下肢在同一平面内。

技术要点

身体重心偏移,但不失去平衡。

图 3-3-12

练习时易出现身体重心未偏离垂线等问题。因此,应对照镜子或在指导人员帮助下进行练习。

❉ 伤害预防

为减少对髋关节的伤害,应按照规范动作进行练习。

第四节

下肢动作

下肢动作是健身徒手体操的基本技术动作之一,在动作编排中具有重要作用。将下肢动作按照一定要求,进行不同方位、强度、节奏的组合和编排,会产生不同难度,不同风格和不同视觉效果的健身徒手体操。下肢动作包括举、踢、屈、伸、弓步、蹲和跳等。

举

举是指下肢伸直,由低向高举起至某一方位停止不动的姿势。经常练习举,可以加速血液循环,提高机体的工作能力。举包括前举、后举和侧举等。

▼ 前举

❉ 动作方法 见图3-4-1

两脚并拢自然站立,两手叉腰,抬头、挺胸、收腹,以一条腿为支撑腿,另一条腿向体前抬起。

❉ 技术要点

练习动作时,腿部要伸直。

❉ 错误纠正

练习时易出现下肢伸不直,抬起高度不够等问题。因此,应对照镜子或在指导人员帮助下进行练习。

图3-4-1

 **伤害预防**

为减少对练习者身体姿态的影响,应按照规范动作进行练习。

▼ **后举**

图 3-4-2

动作方法 见图3-4-2

两脚并拢自然站立,两手叉腰,抬头、挺胸、收腹,以一条腿为支撑,另一条腿向体后抬起。

技术要点

练习动作时,腿部要伸直。

错误纠正

练习时易出现下肢伸不直,抬起高度不够等问题。因此,应对照镜子或在指导人员帮助下进行练习。

伤害预防

为减少对髋关节和膝关节的伤害,应按照规范动作进行练习。

▼ **侧举**

 **动作方法** 见图3-4-3

两脚并拢自然站立,两手叉腰,抬头、挺胸、收腹,以一条腿为支撑,另一条腿向同侧抬起。

技术要点

练习动作时,腿部要伸直。

错误纠正

练习时易出现下肢伸不直,抬起高度不够等问题。因此,应对照镜子或在指导人员帮助下进行动作练习。

图 3-4-3

伤害预防

为减少对髋关节和膝关节的伤害,应按照规范动作进行练习。

踢

踢是指大腿带动小腿,由下方向各个方向做加速摆动的动作。经常练习踢的动作,可以加速血液循环,提高练习者下肢的灵活性。踢包括前踢、后踢和侧踢等。

 **前踢**

动作方法 见图3-4-4

两脚并拢自然站立,两手叉腰,抬头、挺胸、收腹,以一条腿为支撑,另一条腿的大腿带动小腿,向前做由屈到伸的加速摆动。

技术要点

大腿带动小腿,向前进行加速摆动。

错误纠正

练习时易出现大腿没能带动小腿等问题。因此,应对照镜子或在指导人员帮助下进行练习。

伤害预防

为减少对膝关节的伤害,在练习动作时,应避免节奏过快,动作过猛。

图3-4-4

 **后踢**

动作方法 见图3-4-5

两脚并拢自然站立,两手叉腰,抬头、挺胸、收腹,以一条腿为支撑,另一条腿的大腿带动小腿,做向后由屈到伸的加速摆动。

图3-4-5

下肢动作

※ **技术要点**

大腿带动小腿，进行加速摆动。

※ **错误纠正**

练习时易出现大腿没能带动小腿等问题。因此，应对照镜子或在指导人员帮助下进行练习。

※ **伤害预防**

为减少对膝关节的伤害，在练习动作时，应避免节奏过快，动作过猛。

※ **动作方法**　见图3-4-6

两脚并拢自然站立，两手叉腰，抬头、挺胸、收腹，以一条腿为支撑，另一条腿的大腿带动小腿，向同侧由屈到伸的加速摆动。

※ **技术要点**

大腿带动小腿，进行加速摆动。

※ **错误纠正**

练习时易出现大腿没能带动小腿等问题。因此，应对照镜子或在指导人员帮助下进行练习。

※ **伤害预防**

图3-4-6

为减少对膝关节的伤害，在练习动作时，应避免节奏过快，动作过猛。

屈是指下肢关节弯曲或缩小呈一定角度，在某一方位停止不动的姿势。通过进行屈的练习，可以培养练习者正确的身体姿态和提高其身体的平衡能力。屈包括前屈、后屈和侧屈等。

 **前屈**

动作方法 见图 3-4-7

　　两脚并拢自然站立，两手叉腰，抬头、挺胸、收腹，以一条腿为支撑腿，另一条腿向体前抬起，大腿与地面平行，小腿与地面垂直。

技术要点

　　练习动作时，大腿与地面平行，小腿与地面垂直。

错误纠正

　　练习时易出现下肢弯曲的角度不符合要求等问题。因此，应对照镜子或在指导人员帮助下进行练习。

伤害预防

　　为减少对髋关节和膝关节的伤害，应按照规范动作进行练习。

图 3-4-7

 **后屈**

动作方法 见图 3-4-8

　　两脚并拢自然站立，两手叉腰，抬头，挺胸，收腹，以一条腿为支撑腿，另一条腿的小腿向体后抬起，大腿与地面垂直，小腿尽量靠近大腿。

技术要点

　　练习动作时，小腿尽量靠近大腿。

错误纠正

　　练习时易出现支撑腿弯曲等问题。因此，应对照镜子或在指导

图 3-4-8

下肢动作

人员帮助下进行练习。

伤害预防

为减少对髋关节和膝关节的伤害，应按照规范动作进行练习。

动作方法 见图3—4—9

两脚并拢自然站立，两手叉腰，抬头、挺胸、收腹，以一条腿为支撑腿，另一条腿向同侧抬起，大腿与地面平行，脚面绷直。

技术要点

练习动作时，大腿要平行于地面，脚面绷直。

错误纠正

练习时易出现支撑腿弯曲、动作不符合要求等问题。因此，应对照镜子或在指导人员帮助下进行练习。

图3—4—9

伤害预防

为减少对练习者身体姿态的影响，应按照规范动作进行练习。

伸是指下肢关节伸展或扩大呈一定角度，在某一方位停止不动的姿势。伸要与屈配合进行，通过练习，能够培养练习者正确的身体姿态，发展其下肢的灵活性。伸包括前伸、后伸和侧伸等。

动作方法 见图3—4—10

两脚并拢自然站立，两手叉腰，抬头、挺胸、收腹，以一条腿为支撑腿，另一条腿提膝，向体前伸直。

基本技术

✿ 技术要点

下肢关节充分伸展。

✿ 错误纠正

练习时易出现下肢伸展不够充分等问题。因此,应对照镜子或在指导人员帮助下进行练习。

✿ 伤害预防

为减少对髋关节和膝关节的伤害,应按照规范动作进行练习。

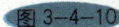

图 3—4—10

 后伸

✿ 动作方法　见图 3—4—11

两脚并拢自然站立,两手叉腰,抬头,挺胸,收腹,以一条腿为支撑腿,另一条腿提膝,向体后伸直。

✿ 技术要点

下肢关节充分伸展。

✿ 错误纠正

练习时易出现下肢伸展不够充分等问题。因此,应对照镜子或在指导人员帮助下进行练习。

✿ 伤害预防

为减少对髋关节和膝关节的伤害,应按照规范动作进行练习。

图 3—4—11

 侧伸

动作方法 见图3-4-12

两脚并拢自然站立,两手叉腰,抬头、挺胸、收腹,以一条腿为支撑腿,另一条腿提膝,向同侧伸直。

技术要点

下肢关节充分伸展。

错误纠正

练习时易出现下肢伸展不够充分等问题。因此,应对照镜子或在指导人员帮助下进行练习。

伤害预防

为减少对髋关节和膝关节的伤害,应按照规范动作进行练习。

图3-4-12

 弓步

弓步是指一条腿向某一方向迈出一大步,膝关节弯曲约呈90度角,另一条腿伸直,上体保持正直的姿势。经常进行弓步练习,可以增强练习者的下肢力量。弓步包括前弓步、后弓步和侧弓步等。

 前弓步

动作方法 见图3-4-13

两脚并拢自然站立,两手叉腰,抬头,挺胸,收腹,一条腿向体前迈出一大步,膝关节弯曲约呈90度角,,另一条腿伸直,重心在两腿之间,上体保持正直。

技术要点

膝关节弯曲角度为90度左

图3-4-13

基本技术

右,后腿要伸直(特殊指明除外)。

 **错误纠正**

练习时易出现膝关节弯曲角度不够等问题。因此,应对照镜子或在指导人员帮助下进行练习。

伤害预防

为减少对膝关节的伤害,应按照规范动作进行练习。

后弓步

动作方法 见图3-4-14

两脚并拢自然站立,两手叉腰,抬头、挺胸、收腹,一条腿向体后迈出一大步,膝关节弯曲,另一条腿伸直,重心在两腿之间,上体保持正直。

技术要点

后腿膝关节弯曲,前腿要伸直(特殊指明除外)。

错误纠正

练习时易出现膝关节弯曲角度不够等问题。因此,应对照镜子或在指导人员帮助下进行练习。

图3-4-14

伤害预防

为减少对膝关节的伤害,应按照规范动作进行练习。

侧弓步

动作方法 见图3-4-15

两脚并拢自然站立,两手叉腰,抬头、挺胸、收腹,一条腿向同侧迈出一大步,膝关节弯曲呈一定角度,另一条腿伸直,重心在两腿之间,上体保持正直。

下肢动作

技术要点

一条腿膝关节弯曲呈一定角度，另一条腿要伸直（特殊指明除外）。

错误纠正

练习时易出现膝关节弯曲角度不够等问题。因此，应对照镜子或在指导人员帮助下进行练习。

伤害预防

迈出腿弯曲角度过大或过小，都会影响膝关节功能，造成不良的身体姿态。因此，应按照规范动作进行练习。

图 3—4—15

蹲

蹲是指两膝并拢屈膝的姿势。经常进行下肢蹲的练习，可以缓解练习者腰背部肌肉疲劳。蹲包括半蹲和全蹲等。

▼ 半蹲

动作方法　见图 3—4—16

两脚并拢自然站立，抬头、挺胸、收腹，下肢屈膝下蹲，大腿与小腿夹角约呈 90 度。

技术要点

半蹲时大腿与小腿夹角约呈90 度。

图 3—4—16

 **错误纠正**

下蹲时易出现两膝不能并拢,未能全脚掌着地等问题。因此,应对照镜子或在指导人员帮助下进行练习。

伤害预防

为减少对膝关节的伤害,做动作时应缓慢、匀速地进行。

全蹲

动作方法　见图3-4-17

两脚并拢自然站立,抬头,挺胸,收腹,下肢屈膝下蹲,大腿与小腿夹角小于45度。

技术要点

全蹲时大腿与小腿夹角小于45度。

错误纠正

下蹲时易出现两膝不能并拢,未能全脚掌着地等问题。因此,应对照镜子或在指导人员帮助下进行练习。

伤害预防

为减少对膝关节的伤害,做动作时应缓慢、匀速地进行。

图3-4-17

 **跳** ◆◆◆◆◆◆◆◆

跳是指下肢发力,使身体离开地面的姿势。经常练习跳的动作,可以锻炼练习者下肢力量和身体的爆发力。跳包括单腿跳和双腿跳等。

动作方法　见图3—4—18

两脚并拢自然站立,两手叉腰,抬头、挺胸、收腹,一条腿抬起,另一条腿蹬地,向上跳起。

技术要点

起跳时一条腿提膝,另一条腿蹬地伸直向上跳起,落地时要屈膝缓冲(特殊指明除外)。

错误纠正

向上跳起时易出现起跳腿伸不直等问题。因此,应对照镜子或在指导人员帮助下进行练习。

伤害预防

为减少对脊柱的伤害,落地时应屈膝缓冲。

基本技术

图3—4—18

动作方法　见图3—4—19

两脚并拢自然站立,两手叉腰,抬头、挺胸、收腹,两腿同时蹬地,向上跳起。

🌀 技术要点

起跳时两腿同时蹬地,伸直向上跳起,落地时要屈膝缓冲(特殊指明除外)。

🌀 错误纠正

向上跳起时易出现起跳腿伸不直等问题。因此,应对照镜子或在指导人员帮助下进行练习。

🌀 伤害预防

为减少对脊柱的伤害,落地时应屈膝缓冲。

图 3-4-19

下肢动作

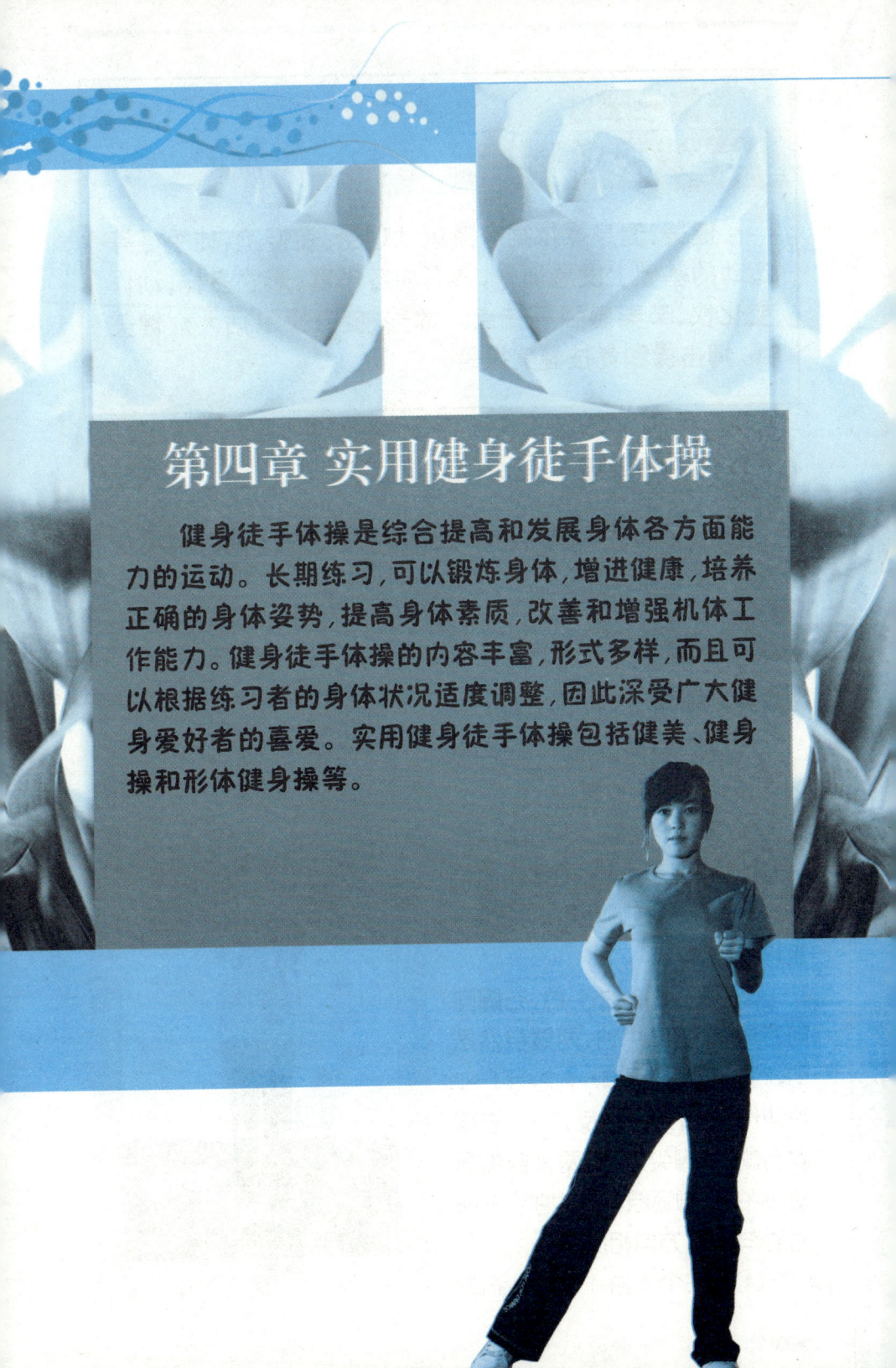

第四章 实用健身徒手体操

健身徒手体操是综合提高和发展身体各方面能力的运动。长期练习,可以锻炼身体,增进健康,培养正确的身体姿势,提高身体素质,改善和增强机体工作能力。健身徒手体操的内容丰富,形式多样,而且可以根据练习者的身体状况适度调整,因此深受广大健身爱好者的喜爱。实用健身徒手体操包括健美、健身操和形体健身操等。

第一节

健美、健身操

　　健美、健身操依据有氧运动理论,在慢跑、徒手操等运动的基础上发展而来,具有内容丰富、形式多样,动作变化快,节奏感强等特点。健美、健身操包括大众健美操、搏击操和竞技健美操等。

　　大众健美操是一项新兴的大众健身运动,发展至今,深受广大健身爱好者的欢迎。

组合一

 见图4-1-1

　　(1)预备姿势:两脚并拢,自然站立,抬头,挺胸,收腹;

　　(2)第一个8拍:1~4拍,从右脚开始,向前走4步,两臂自然摆动,5~8拍,从右脚开始,向后走4步;

　　(3)第二个8拍:1拍,右脚向前方迈步,脚跟点地,两臂自然摆动,2拍,右脚还原,3~4拍与1~2拍动作相同,方向相反,5拍,右脚向右侧迈,脚尖点地,两臂自然摆动,6拍,右脚还原,7~8拍与5~6拍动作相同,方向相反;

　　(4)第三个8拍:1~8拍,右脚

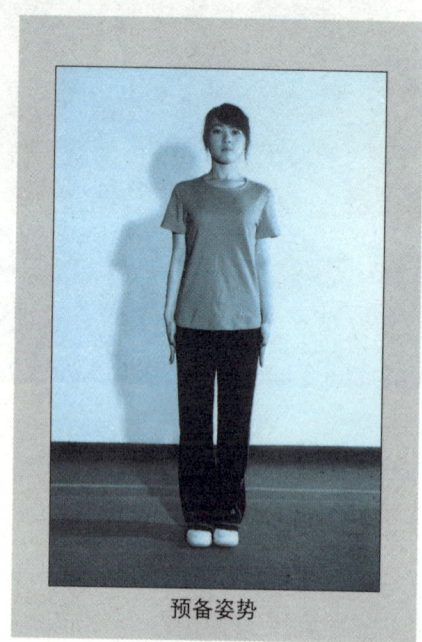

预备姿势

开始做"V"字步 2 次,两臂自然摆动;

（5）第四个 8 拍:1～8 拍,右脚开始做"A"字步 2 次,两臂自然摆动。

技术要点

动作舒展,步法清晰、流畅。

错误纠正

练习时易出现动作不连贯等问题。因此,应进行慢拍和分解练习,或在指导人员帮助下进行练习。

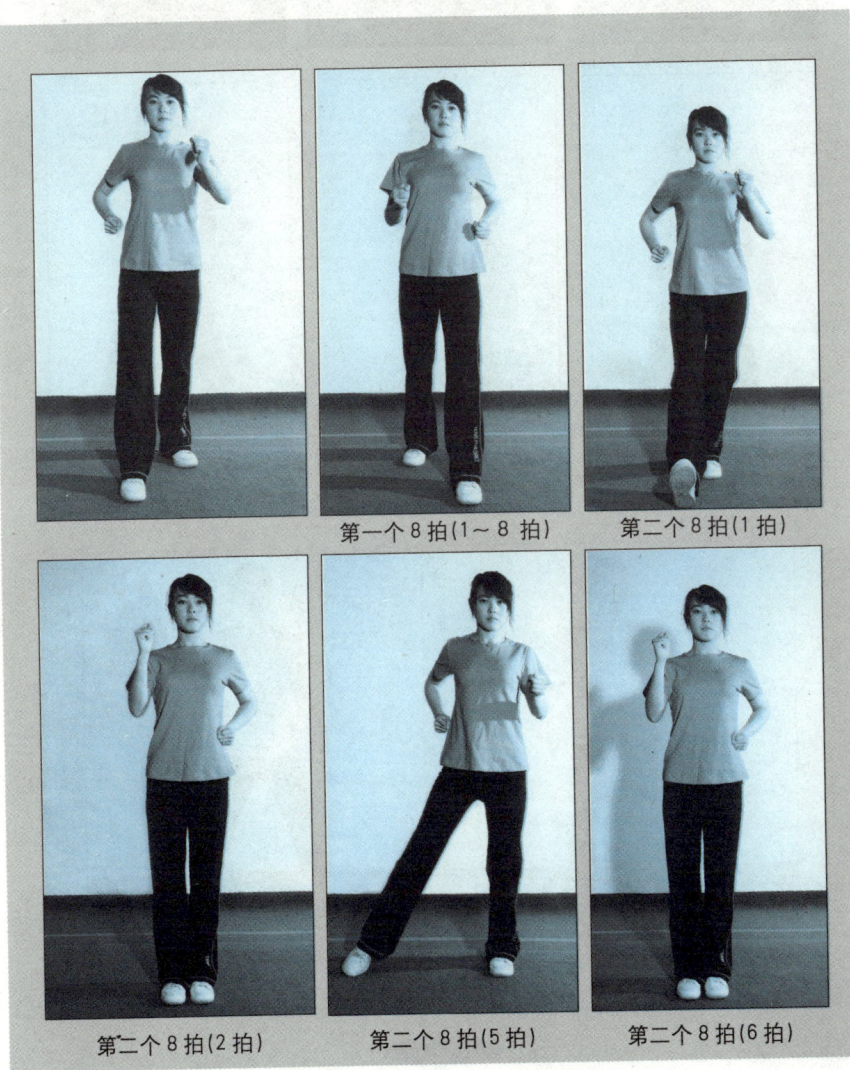

第一个 8 拍(1～8 拍)　　第二个 8 拍(1 拍)

第二个 8 拍(2 拍)　　第二个 8 拍(5 拍)　　第二个 8 拍(6 拍)

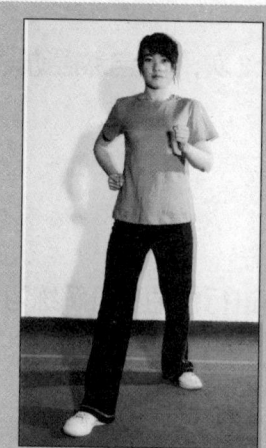

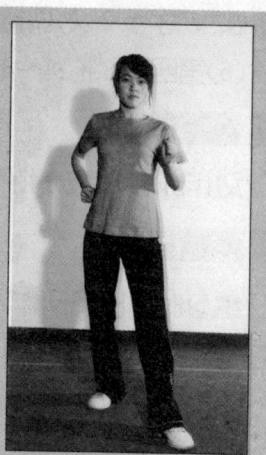

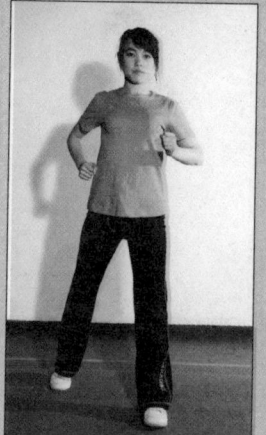

第三个8拍(1~8拍)

第四个8拍(1~8拍)

图4-1-1

组合二

动作方法 见图4-1-2

(1)预备姿势:两脚并拢,自然站立,抬头,挺胸,收腹;

(2)第一个8拍:1~2拍,右脚向右前方迈步,吸腿1次,两臂自然摆动,3~4拍与1~2拍动作相同,5~8拍,与1~4拍动作相同,方向相反;

(3)第二个8拍:1~2拍,右脚向右后方并步,两臂自然摆动,3~4拍,与1~2拍动作相同,方向相反,5~8拍与1~4拍动作相同;

(4)第三个8拍:1~4拍,右脚向体前慢步,两臂自然摆动,5~8拍,右脚向右侧曼步,两臂自然摆动;

(5)第四个8拍:1~2拍,右腿吸腿跳,两臂自然摆动,3~4拍,与1~2拍动作相同,方向相反,5~8拍,右脚开始踏步4次,两臂自然摆动。

技术要点

动作舒展,步法清晰、流畅。

错误纠正

练习时易出现动作不连贯等问题。因此,应进行慢拍、分解练习,或在指导人员帮助下进行练习。

预备姿势

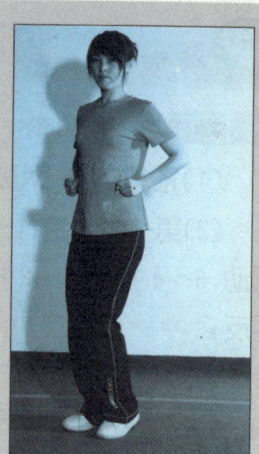

第一个 8 拍(1～2 拍)　　　　　　　　第二个 8 拍(1～2 拍)

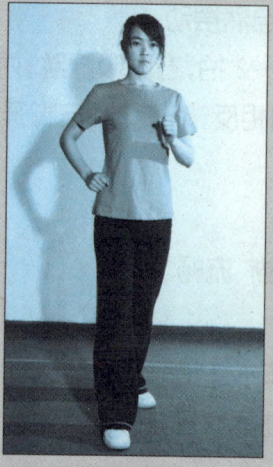

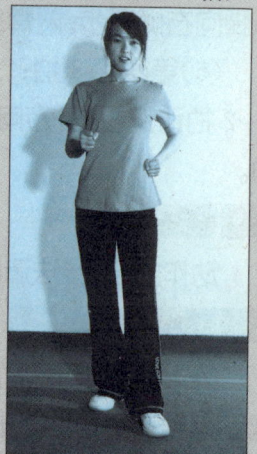

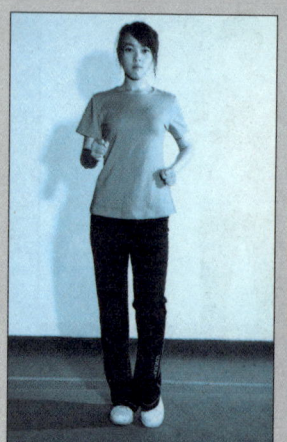

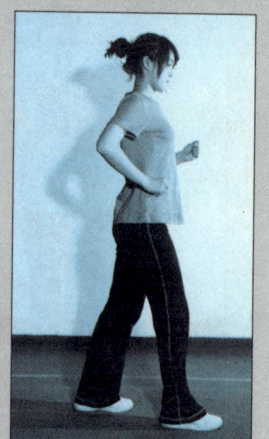

第三个 8 拍(1～4 拍)

実用健身徒手操

第三个 8 拍(5～8 拍)

第四个 8 拍(1～2 拍)

第四个 8 拍(5～8 拍)

图 4-1-2

 组合三

🔆 **动作方法** 见图 4-1-3

(1)预备姿势:两脚并拢,自然站立,抬头,挺胸,收腹;

(2)第一个 8 拍:1～4 拍,右脚向右前方交叉步,两臂自然摆动,5～8 拍与 1～4 拍动作相同,方向相反;

(3)第二个 8 拍:与第一个 8 拍动作相同,方向相反;

(4)第三个 8 拍:1～4 拍,右脚向前方一字步 1 次,两臂自然摆动,5～8 拍与 1～4 动作相同;

（5）第四个 8 拍：1～7 拍，右脚向左侧慢步 2 次，两臂自然摆动；8
拍，还原呈预备姿势。

技术要点

动作舒展，步法清晰、流畅。

错误纠正

练习时易出现动作不连贯等问题。因此，应进行慢拍和分解练习
或在指导人员帮助下进行练习。

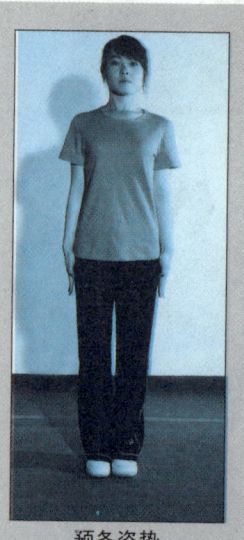

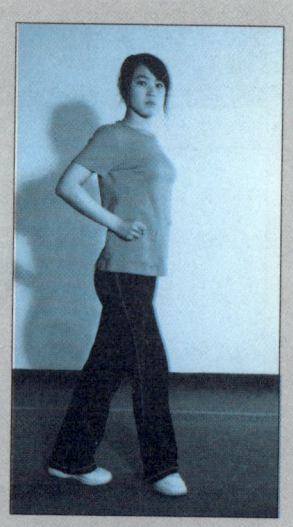

预备姿势

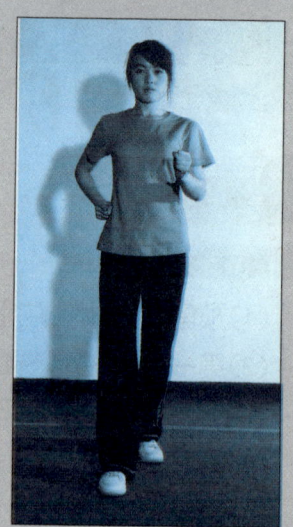

第一个 8 拍(1～4 拍)　　第三个 8 拍(1～2 拍)

实用健身徒手体操

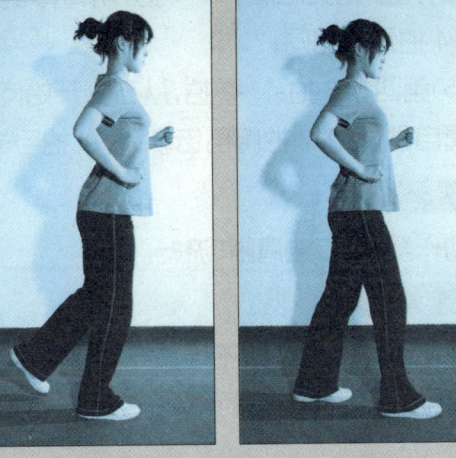

第三个 8 拍(3~4 拍)

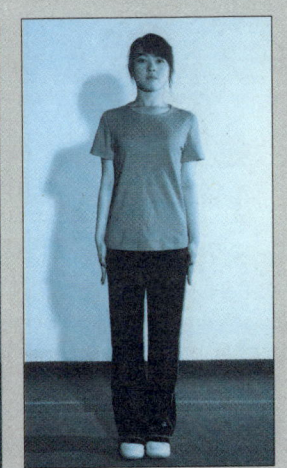

第四个 8 拍(1~7 拍)　　　第四个 8 拍(8 拍)

图 4-1-3

 组合四

动作方法 见图 4-1-4

(1)预备姿势:两脚并拢,自然站立,抬头,挺胸,收腹;

(2)第一个 8 拍:1~4 拍,从右脚开始,向右侧跑 4 次,两臂自然摆动,5~8 拍,开合跳 2 次,5 拍,头顶击掌,6 拍,还原呈预备姿势,7~8 拍与 5~6 拍动作相同;

(3)第二个 8 拍:与第一个 8 拍动作相同;

(4)第三个 8 拍:1~4 拍,从右脚开始小马跳 4 次,1~2 拍,两臂体

侧屈肘,两手指尖触肩,3~4拍,两臂体侧下垂,两手掌下按,5~8拍与1~4拍动作相同;

　　(5)第四个8拍:1~2拍,从右脚开始向右侧斜前方并步跳2次,1拍两臂自然摆动,2拍胸前击掌,3~8拍与1~2拍动作相同。

 **技术要点**

动作舒展,步法清晰、流畅。

 **错误纠正**

　　练习时易出现动作不连贯等问题。因此,应进行慢拍、分解练习,或在指导人员帮助下进行练习。

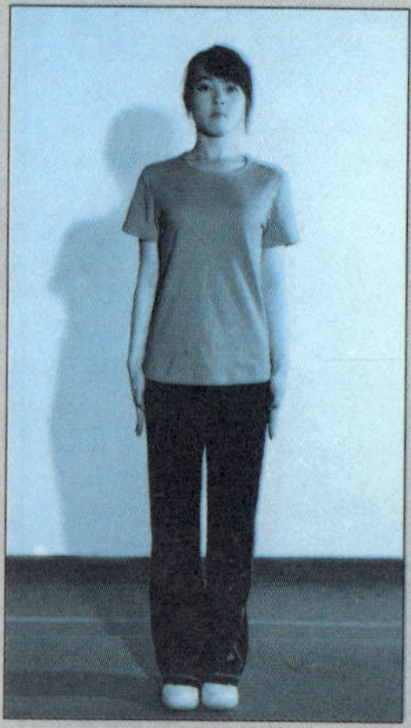

预备姿势	第一个8拍(1~4拍)	第一个8拍(5拍)
第一个8拍(6拍)		第一个8拍(7~8拍)

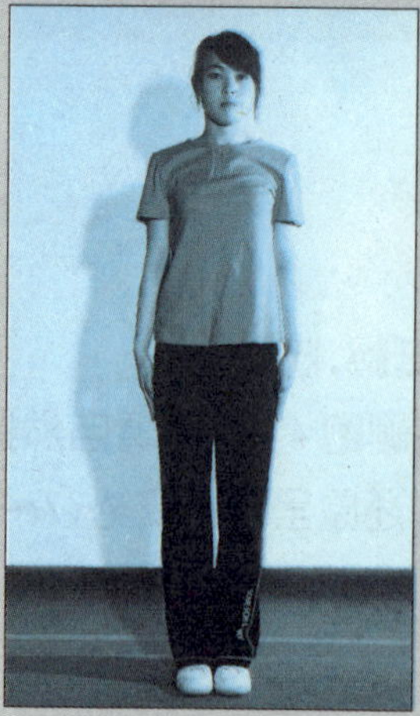

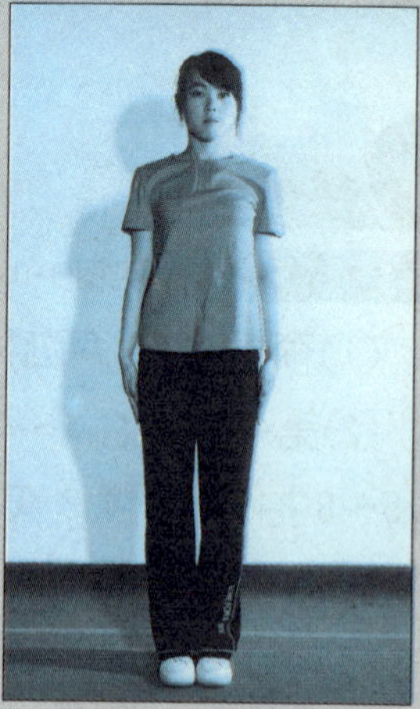

第三个 8 拍(1~2 拍)

第三个 8 拍(3~4 拍)

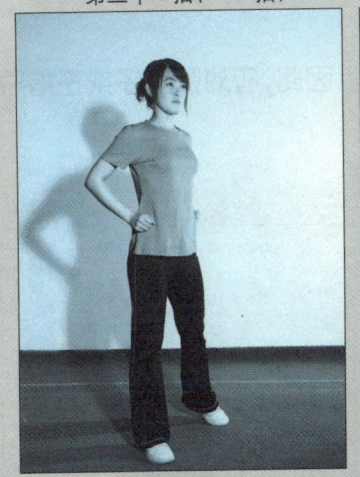

第四个 8 拍(1 拍)

第四个 8 拍(2 拍)

图 4—1—4

 搏击操

搏击操又称武术健美操,它将音乐、舞蹈、健美操和自由搏击技术融为一体,是一种以健身和娱乐为主要目的,具有传统特色的有氧健美操。

组合一

 动作方法 见图4—1—5

(1)预备姿势:右脚在前,进攻姿势站立开始;

（2）第一个 8 拍：1～4 拍，右、左直拳各 1 次，5～8 拍，右、左摆拳各 1 次；

（3）第二个 8 拍：1～6 拍，右直拳 3 次，7 拍，右脚后退一步，8 拍，右脚收回，呈防守姿势；

（4）第三个 8 拍：1～4 拍，向右侧进步，5～6 拍，向 3 点方向右直拳，7～8 拍，左直拳；

（5）第四个 8 拍：与第三个 8 拍动作相同，方向相反。

技术要点

直拳要转髋、送肩。

错误纠正

练习时易出现动作僵硬等问题。因此，应对照镜子或在指导人员帮助下进行练习。

预备姿势

第一个8拍(1~4拍)

第一个8拍(5~8拍)

第二个8拍(1~6拍)

第二个8拍(7拍)

第二个8拍(8拍)

健美、健身操

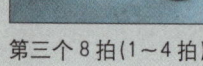 第三个8拍(1~4拍)　　第三个8拍(5~6拍)　　　第三个8拍(7~8拍)

图4-1-5

 组合二

🌸 **动作方法**　见图4-1-6

（1）预备姿势：防守姿势站立开始；

（2）第一个8拍：1～2拍，右勾拳，3～4拍，左摆拳，5～6拍，与1～2拍动作相同，7～8拍，与3～4拍动作相同；

（3）第二个8拍：1～4拍，吸右腿，5～8拍，右腿前端；

（4）第三个8拍：1～4拍，向右侧进步2次，5～8拍，右腿侧端；

（5）第四个8拍：1～4拍，向左侧进步2次，5～8拍，交叉步2次。

🌸 **技术要点**

侧端腿要高过髋关节。

🌸 **错误纠正**

练习时易出现侧端腿高度不够等问题。因此，应发展练习者身体的柔韧性，可在指导人员帮助下进行练习。

预备姿势

第一个 8 拍(1～2 拍)

第一个 8 拍(3～4 拍)

第二个 8 拍(1～4 拍)

第二个 8 拍(5～8 拍)

第三个 8 拍(1～4 拍)

第三个 8 拍(5～8拍)　　第四个 8 拍(1～4拍)　第四个 8 拍(5～8拍)

图 4-1-6

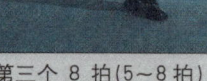 组合三

 **动作方法**　见图4-1-7

（1）预备姿势：两脚分开，与肩同宽，自然站立，两臂侧下举，两手呈拳，拳心向内；

（2）第一个8拍：两臂由侧下举经体前交叉绕环至防守姿势；

（3）第二个8拍：1～2拍，右直拳，3～4拍，左直拳，5～8拍，左鞭腿；

（4）第三个8拍：1～2拍，右直拳，3～4拍，提肘，5～8拍，摆肘；

（5）第四个8拍：1拍，右勾拳，2拍，左勾拳，3～4拍与1～2拍动作相同，5～6拍，右摆拳，7～8拍，左摆拳。

技术要点

肘击幅度要大，动作要清晰、流畅。

错误纠正

练习时易出现动作僵硬，不协调等问题。因此，应对照镜子或在指导人员帮助下进行练习。

预备姿势

第一个 8 拍

第二个 8 拍(1~2 拍)

第二个 8 拍(3~4 拍)

第二个 8 拍(5~8 拍)

第三个 8 拍(1~2 拍)

第三个 8 拍(3～4 拍)

第三个 8 拍(5～8 拍)

第四个 8 拍(1 拍)

第四个 8 拍(2 拍)

第四个 8 拍(5～6 拍)

第四个 8 拍(7～8 拍)

图 4—1—7

组合四

动作方法 见图4-1-8

(1)预备姿势:防守姿势,自然站立;

(2)第一个8拍:1~4拍,两臂屈肘,前上方重叠绕环2次,5~6拍,交叉步1次,7~8拍与5~6拍动作相同;

(3)第二个8拍:1~2拍,右腿向体前高抬腿,3~4拍,左腿向体前高抬腿,5~6拍,右勾拳,7~8拍,左勾拳;

(4)第三个8拍:1~4拍,向左侧进步2次,5~8拍,左腿侧踹;

(5)第四个8拍:1~4拍,向右侧进步2次,5拍,右勾拳,6拍,左勾拳,7~8拍与5~6拍动作相同。

技术要点

动作清晰,节奏感强。

错误纠正

练习时易出现动作僵硬,节奏感差等问题。因此,应对照镜子或在指导人员帮助下进行练习。

预备姿势

第一个8拍(1~4拍)

健美·健身操

第一个 8 拍(5~6 拍)

第二个 8 拍(1~2 拍)

第二个 8 拍(3~4 拍)

第二个 8 拍(5~6 拍)

第二个 8 拍(7~8 拍)

第三个8拍(1~4拍)

第三个8拍(5~8拍)

第四个8拍(1~4拍)

第四个8拍(5拍)

第四个8拍(6拍)

图4-1-8

竞技健美操 ◆◆◆◆◆◆◆

竞技健美操是指在音乐的伴奏下，通过完成有一定难度的动作，来展示表演者能力的、具有创造性的健美操。

组合一

动作方法 见图4-1-9

（1）预备姿势：两脚并拢，自然站立，抬头，挺胸，收腹；

（2）第一个8拍：1拍，右侧踢跳，两臂侧上举，两手呈花掌，2拍，右锁步，两臂胸前交叉，两手呈拳，3拍，左弓步，两臂侧平举，两手呈并掌，掌心向下，面向7点方向，4拍，并步跳，同时两臂胸前交叉，5～6拍，开合跳，5拍，右臂上举，左臂前下举，两手呈拳，6拍，两臂胸前交叉，7～8拍与5～6拍动作相同，方向相反；

（3）第二个8拍：1拍，左弓步跳，两臂斜下举，两手呈掌，2拍，右脚前踢腿跳，两臂前平举，两手击掌，3拍，右脚踏步，两臂侧举，两手呈并掌，掌心向下，4拍，左后锁步，右臂胸前平屈，左臂侧平举，两手掌心向下，5拍，与3拍动作相同，6拍，并步跳，同时两臂胸前交叉，两手呈拳，面向1点方向，7～8拍，开合跳，7拍，两臂侧上举，两手呈花掌，掌心向内，8拍，还原呈预备姿势；

（4）第三个8拍：1～3拍，从右脚开始向后弹踢跳，1拍，两臂前上屈，两手呈拳，2拍，两臂下举，3拍，手臂动作同1拍，4拍，左弓步跳，同时左臂上举、右臂前平举，两手呈并掌，面向7点方向，5～6拍，开合跳，5拍，两臂胸前平屈，两手呈拳，面向1点方向，6拍，还原呈预备姿势，7拍，左踏步，左臂下举，左手呈并掌，右臂胸前平屈绕环，右手呈拳，8拍与7拍动作相同，方向相反；

（5）第四个8拍：1拍，并步跳，两手并掌扶膝，面向3点方向，2拍，左后屈腿跑，左臂侧平举，左手呈花掌，右臂下举，右手呈并掌，3拍，左后屈腿跳，两臂屈臂前后摆动，两手呈拳，4拍，左前弹踢腿，左臂前上举，右臂前平举，两手呈并掌，5～7拍，科萨克跳，两臂自然摆动，8拍，两手抱膝呈半蹲。

技术要点

手臂与脚步配合协调，动作流畅，节奏感强。

错误纠正

练习时易出现手臂伸不直，手脚配合不协调，动作不够流畅等问题。因此，应进行单动作练习，或在指导人员帮助下进行练习。

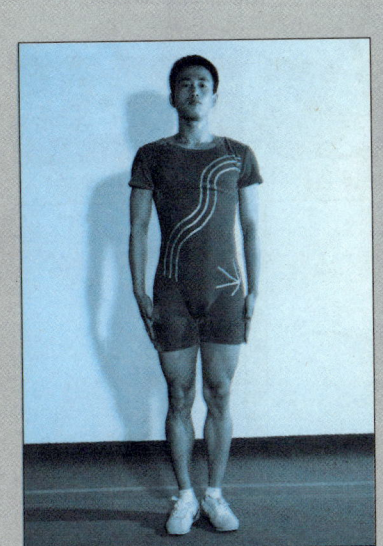

预备姿势

第一个 8 拍(1 拍)

第一个 8 拍(2 拍)

第一个 8 拍(3 拍)

第一个 8 拍(4 拍)　　第一个 8 拍(5 拍)　　第一个 8 拍(6 拍)

第二个 8 拍(1 拍)　　第二个 8 拍(2 拍)　　第二个 8 拍(3 拍)

第二个 8 拍(4 拍)　　第二个 8 拍(6 拍)　　第二个 8 拍(7 拍)

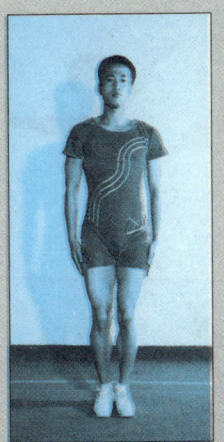

第二个8拍(8拍)

第三个8拍(1拍)

第三个8拍(2拍)

第三个8拍(3拍)

第三个8拍(4拍)

第三个8拍(5拍)

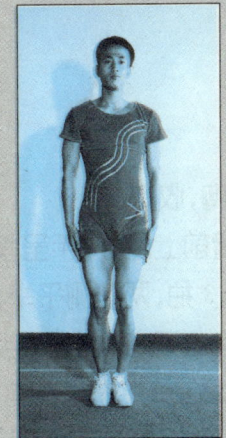

第三个8拍(6拍)

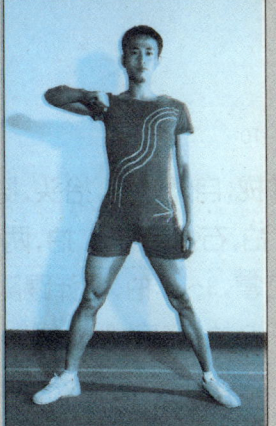

第三个8拍(7拍)

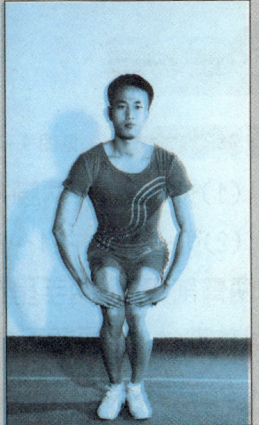

第四个8拍(1拍)

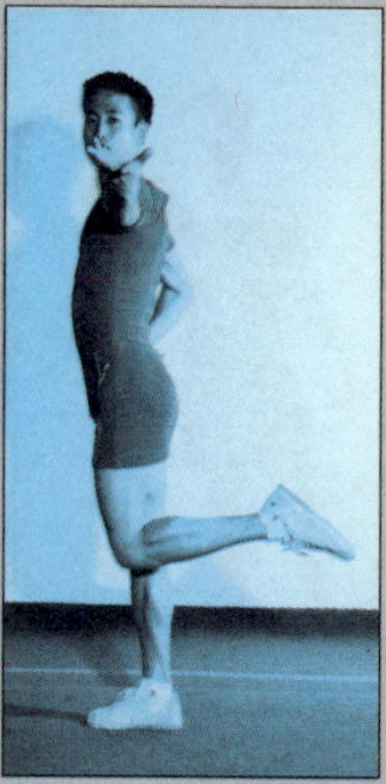

第四个 8 拍(2 拍) 　　第四个 8 拍(3 拍) 　　第四个 8 拍(4 拍)

第四个 8 拍(5～7 拍) 　　　　第四个 8 拍(8 拍)

图 4-1-9

 组合二

 动作方法　　见图 4-1-10

（1）预备姿势：两脚并拢，自然站立，抬头，挺胸，收腹；

（2）第一个 8 拍：1～2 拍，右弹踢腿，1 拍，两臂前上屈，两手呈拳，2拍，两臂前平举，两手呈花掌，3～4 拍，左弹踢腿，3 拍，两臂侧平举，两手呈并掌，4 拍，两臂下举，5 拍，右转髋跳，同时向左下方冲拳，两手呈拳，6 拍与 5 拍动作相同，方向相反，7 拍，两腿前后交叉（左腿在前），两臂上举交叉，两手呈拳，掌心向前面向 3 点方向，8 拍，右腿向前踢

腿,两臂前下举,两手呈拳,拳心向下;

(3)第二个8拍:1拍,并步跳,同时两臂下举,两手呈拳,2拍,左吸腿跳,同时左臂下举,左手呈拳,右臂胸前平屈,右手呈拳,面向1点方向,3~6拍,前跑跨跳,两臂自然摆动,面向7点方向,7拍,左前弓步,同时左臂下举,左手呈并掌,右臂前平举,右手呈立掌,8拍,右吸腿跳,右臂经体前至侧平举,面向1点方向;

(4)第三个8拍:1拍,左弓步跳,左臂上举,右臂前下举,两手呈并掌,面向7点方向,2拍,右吸腿跳,两臂胸前交叉,两手呈拳,面向1点方向,3拍,右前弓步跳,两臂前屈,上下交换2次,两手呈分掌,面向3点方向,4拍,左吸腿跳,两臂胸前交叉,面向1点方向,5~6拍,后并步跳,两臂体前经下方至侧平举,两手呈并掌,掌心向下,7~8拍,屈体分腿跳,7拍,手触脚面,8拍,屈膝半蹲,两手扶膝;

(5)第四个8拍:1~6拍,右手上举,五指并拢,左手扶地,右腿前弓步,直腿向右坐转360度,再左腿前弓步站,7拍,左腿向前呈弓步,左臂上举,五指并拢,掌心向内,右臂胸前平屈,五指并拢,掌心向下,8拍,还原呈预备姿势。

❋ 技术要点

手臂与脚步配合协调,动作流畅,节奏感强。

❋ 错误纠正

练习时易出现手臂伸不直,手臂与脚步配合不协调,动作不够流畅等问题。因此,应进行单动作练习, 或在指导人员帮助下进行练习。

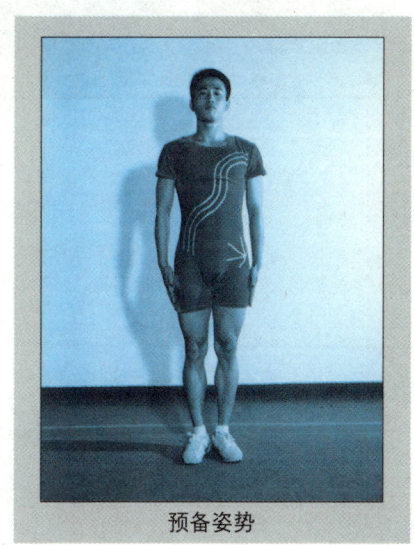

预备姿势

第一个8拍(1拍)

第一个8拍(2拍)

第一个8拍(3拍)

第一个8拍(4拍)

第一个8拍(5拍)

第一个8拍(7拍)

实用健身徒手体操

第一个 8 拍(8 拍)

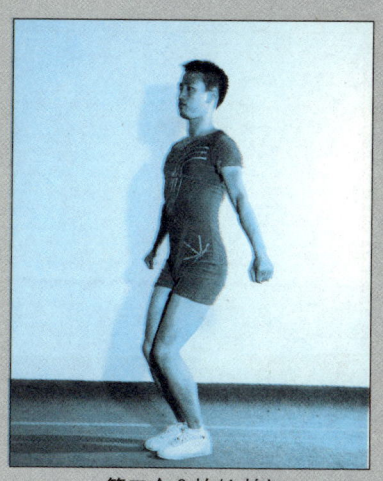

第二个 8 拍(1 拍)

第二个 8 拍(2 拍)

第二个 8 拍(3~6 拍)

第二个 8 拍(7 拍)

第二个 8 拍(8 拍)

第三个8拍(1拍)

第三个8拍(2拍)

第三个8拍(3拍)

第三个8拍(4拍)

第三个8拍(5~6拍)

第三个8拍(7拍)

第三个8拍(8拍)

第四个8拍(1~6拍)

第四个8拍(7拍)

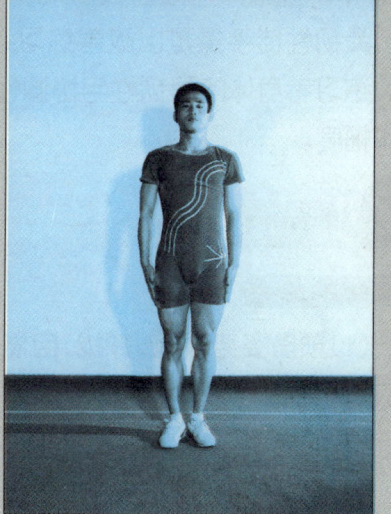

第四个8拍(8拍)

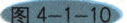

图4-1-10

第二节

形体健身操

　　形体健身操是健身徒手体操的一种。通过练习，能够使练习者消除多余脂肪，改善肌肉、骨骼和内脏器官的血液循环，使骨骼在抗折、抗弯、抗压和抗扭曲等方面的功能得到提高，并有助于提高人体的有氧工作能力。形体健身操包括柔韧性徒手操、美体操和大众广播操等。

　　柔韧性徒手操是以改善练习者身体柔韧性为目的的徒手健身运动。练习者身体的柔韧性与协调性得到改善后，可以逐步加大练习的动作幅度。

▼ 组合一

 　见图4-2-1

　　(1)预备姿势:两脚并拢,自然站立,两臂自然下垂,保持呼吸均匀;

　　(2)第一个8拍:1～2拍,两脚交叉立,左腿在前,右腿在后,两手体前合十,3～8拍,保持动作,呼吸均匀;

　　(3)第二个8拍:1～2拍,右脚向前迈步,两脚交叉立两手体前合十,3～8拍,保持动作,呼吸均匀;

　　(4)第三个8拍:1～2拍,左腿单足站立,右腿弯曲,右脚掌贴于

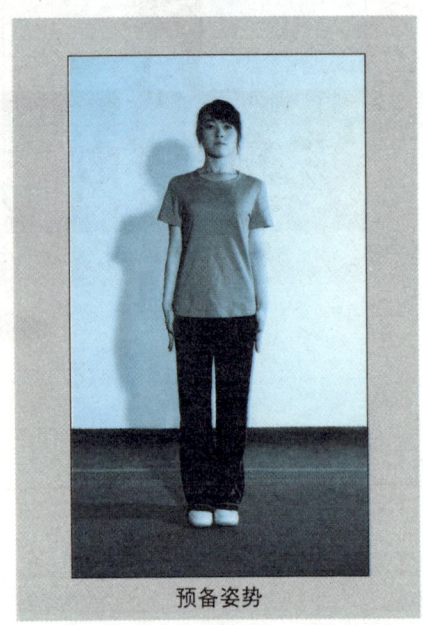

预备姿势

左腿内侧,两臂合十向上伸展,3～8拍,保持动作,呼吸均匀;

(5)第四个8拍:1～2拍,左腿单足站立,右腿膝盖打开,小腿内收向上抬起,左右手分别抓住右腿的踝部与膝部,3～8拍,保持动作,呼吸均匀;

(6)第五个8拍:与第四个8拍腿部动作相同,1～2拍,右臂置于体侧,左臂侧平举,3～8拍,保持动作,呼吸均匀;

(7)第六个8拍:1～2拍,两臂打开侧平举,右脚放在左腿大腿上,左腿略屈膝,上体慢慢前倾,3～8拍,保持动作,呼吸均匀;

(8)第七个8拍:1～2拍,右腿向后屈膝,右腿大小腿充分折叠,同时右手抓握右脚脚尖,左臂前平举,3～8拍,保持呼吸均匀;

(9)第八个8拍:1～2拍,右手抓握右脚脚尖,使右腿充分向后伸展,身体保持平衡,左臂前平举,3～8拍,保持动作,呼吸均匀;

(10)第九个8拍:1～2拍,还原呈直立,两手体前合十,3～8拍,保持动作,呼吸均匀;

(11)第十个8拍:还原呈预备姿势。

第一个8拍

第二个8拍

第三个8拍

✳ **技术要点**

呼吸均匀,动作舒展,心态平和。

✳ **错误纠正**

练习时易出现动作僵硬等问题。因此,应进行柔韧性练习,或在指导人员帮助下进行练习。

第四个8拍

第五个8拍

第六个8拍

第七个8拍

第八个 8 拍

第九个 8 拍

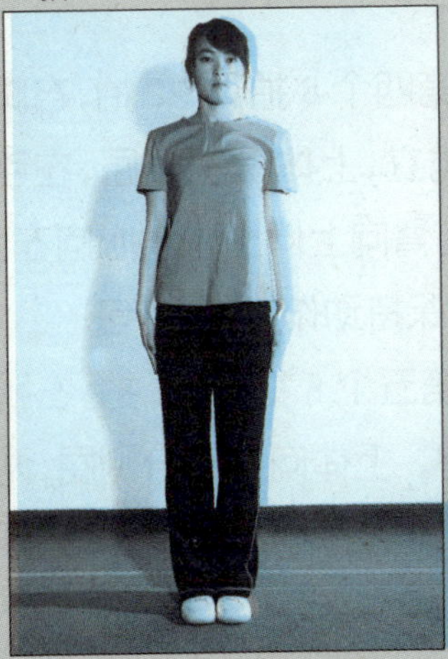

第十个 8 拍

图 4-2-1

 组合二

动作方法 见图 4-2-2

（1）预备姿势：两脚并拢，自然站立，两手胸前合十，保持呼吸均匀；

（2）第一个 8 拍：1～2 拍，右脚向右侧迈出，两脚并行，与肩同宽，躯干和头部向上伸展挺直，两臂侧

预备姿势

平举,3~8 拍,保持动作,呼吸均匀;

(3)第二个 8 拍:1~2 拍,向左侧屈,左臂向下伸展触脚,右臂向上伸出,掌心向前,3~8 拍,保持动作,呼吸均匀;

(4)第三个 8 拍:1~2 拍,左腿弯曲呈弓步,左手触地,右臂向上伸出,3~8 拍,保持动作,呼吸均匀;

(5)第四个 8 拍:1~2 拍,右腿屈膝呈跪立,上体向左侧屈,左手触脚,右臂向上伸出,掌心向左,3~8 拍,保持动作,呼吸均匀;

(6)第五个 8 拍:1~2 拍,左腿略向远伸,上体向左充分侧屈,两臂前伸触地,3~8 拍,保持动作,呼吸均匀;

(7)第六个 8 拍:1~2 拍,左腿屈膝呈跪立,左手撑地,右手抓握右脚脚踝,右脚尖上抬,向前顶立胯部,3~8 拍,保持动作,呼吸均匀;

(8)第七个 8 拍:1~2 拍,右脚下落呈左腿单膝跪立,同时上体向右充分拧转,右臂背于体后,左臂于右腿外侧下伸,掌心向外,3~8 拍,保持动作,呼吸均匀;

(9)第八个 8 拍:1~2 拍,左腿伸直呈右弓步,同时上体向右充分

第一个 8 拍

第二个 8 拍

第三个 8 拍

实用健身徒手体操

拧转,左臂于右腿外侧撑地,右臂向上伸出,掌心向前,3～8拍,保持动作,呼吸均匀;

(10)第九个8拍:左腿向前一步,还原呈第一个8拍姿势;

(11)第十个8拍:还原呈预备姿势。

技术要点

动作舒展,各部位伸拉充分。

错误纠正

练习时易出现动作僵硬、做不到位等问题。因此,应进行单动作练习,或在指导人员帮助下进行练习。

第四个8拍

第五个8拍

第六个8拍

第七个8拍

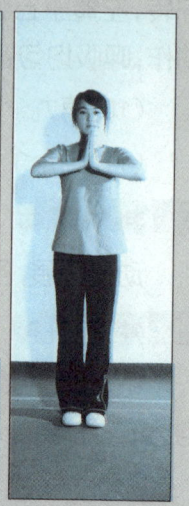

第八个 8 拍	第九个 8 拍	第十个 8 拍

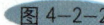

图 4—2—2

 **组合三**

�֍ **动作方法**　见图 4—2—3

（1）预备姿势：两脚并拢，自然站立，两臂自然下垂，保持呼吸均匀；

（2）第一个 8 拍：1～2 拍，自然站立，两手胸前合十，3～8 拍，保持动作，呼吸均匀；

（3）第二个 8 拍：1～2 拍，两臂向上伸展，掌心相对，上体后仰，充分抬头，3～8 拍，保持动作，呼吸均匀；

（4）第三个 8 拍：1～2 拍，上体前屈，两手置于两脚前撑地，低头、含胸，3～8 拍，保持动作，呼吸均匀；

（5）第四个 8 拍：1～2 拍，右腿向前跨一大步呈弓步，上体后仰抬头，两手体侧触地，3～8 拍，保持动作，呼吸均匀；

（6）第五个 8 拍：1～2 拍，右腿收回并于左腿，两手体前支撑，充分向后拉肩，低头、含胸，3～8 拍，保持动作，呼吸均匀；

（7）第六个 8 拍：1～2 拍，俯卧，两臂伸直撑地，抬头，上体后仰，3～8 拍，保持动作，呼吸均匀；

（8）第七个 8 拍：1～2 拍，抬头、挺胸，上体前倾，两臂屈肘支撑，臀部上翘，3～8 拍，保持动作，呼吸均匀；

（9）第八个 8 拍：1～2 拍，上体前移，两臂伸直呈俯撑，3～8 拍，保持动作，呼吸均匀；

（10）第九个 8 拍：1～2 拍，右腿向前跨一大步呈弓步，两手互握上伸，抬头，上体后仰，3～8 拍，保持动作，呼吸均匀；

（11）第十个 8 拍：1～2 拍，右腿收回，体前屈，两手撑地，3～8 拍，保持动作，呼吸均匀；

（12）第十一个 8 拍：1～2 拍，左腿后退一步呈前后开立，同时两手合十上举，抬头、挺胸，上体后仰，3～8 拍，保持动作，呼吸均匀；

（13）第十二个 8 拍：还原呈预备姿势。

❋ **技术要点**

动作舒展，各部位伸拉充分。

❋ **错误纠正**

练习时易出现动作僵硬、做不到位等问题。因此，应进行单动作练习，或在指导人员帮助下进行练习。

预备姿势

第一个 8 拍

第二个 8 拍

第三个 8 拍　　　　　　第四个 8 拍　　　　　　第五个 8 拍

第六个 8 拍　　　　　　　　　第七个 8 拍

第八个 8 拍　　　　　　　　第九个 8 拍

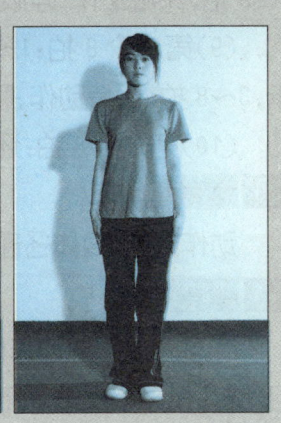

第十个 8 拍　　　　　第十一个 8 拍　　　　　第十二个 8 拍

图 4-2-3

动作方法　见图 4-2-4

（1）预备姿势：两脚并拢，自然站立，两手胸前合十；

（2）第一个 8 拍：1～2 拍，两腿屈膝半蹲，两臂伸直上举，抬头，挺胸，充分伸展，3～8 拍，保持动作，呼吸均匀；

（3）第二个 8 拍：1～2 拍，上体前屈，并向左侧拧转，两手手指相握，3～8 拍，保持动作，呼吸均匀；

（4）第三个 8 拍：1～2 拍，上体保持不变，两臂伸直，左臂充分向上伸展，右臂下举，右手指尖触地，两手呈并掌，掌心向外，3～8 拍，保持动作，呼吸均匀；

（5）第四个 8 拍：1～2 拍，上体直立，两腿开立，两臂侧平举，3～8拍，保持动作，呼吸均匀；

（6）第五个 8 拍：1～2 拍，上体前屈，两臂伸直，两手撑地，3～8拍，保持动作，呼吸均匀；

（7）第六个 8 拍：1～2 拍，上体保持不动，两臂头后交叉互握，3～8 拍，保持动作，呼吸均匀；

（8）第七个 8 拍：1～2 拍，上体保持不变，两手和两肩胛向后收，两掌在体后合十，尽可能转动两腕，并将合十的两掌提升到两肩胛间，

3～8 拍,保持动作,呼吸均匀;

(9)第八个 8 拍:1～2 拍,两脚并拢,充分抬头,挺胸,两臂体后合十,3～8 拍,保持动作,呼吸均;

(10)第九个 8 拍:还原呈预备姿势。

技术要点

动作舒展,身体各部位充分拉伸。

错误纠正

练习时易出现动作僵硬,做不到位等问题。因此,应进行单动作练习,或在指导人员帮助下进行练习。

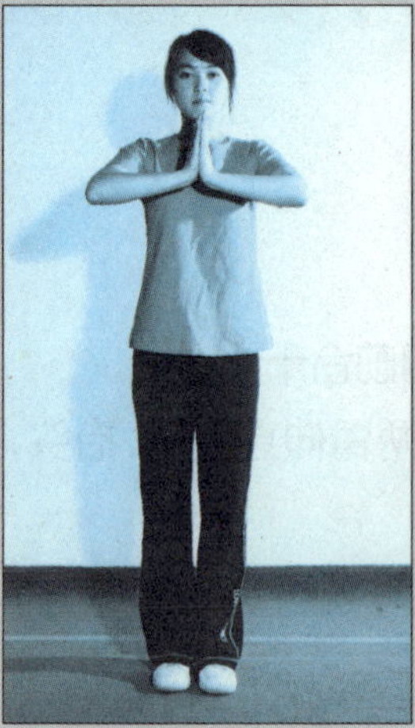

预备姿势    第一个 8 拍 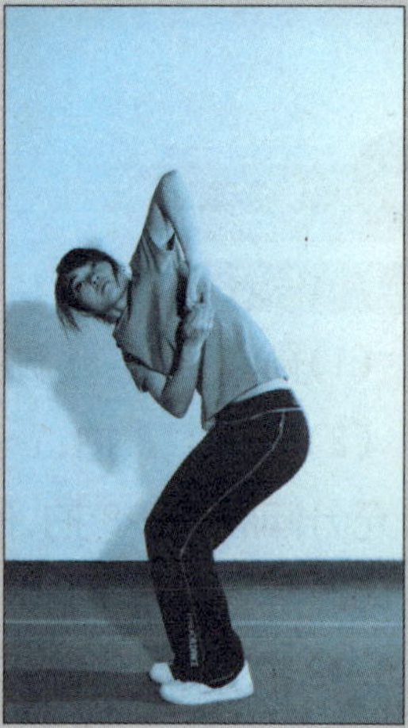   第二个 8 拍

第三个 8 拍    第四个 8 拍

第五个 8 拍

第六个 8 拍

第七个 8 拍

第八个 8 拍

第九个 8 拍

图 4-2-4

**美体操** ◆◆◆◆◆◆◆◆

美体操是一项恢复和加强身体协调性的运动,练习者通过上肢与下肢及四肢与躯干的配合运动,可以达到塑造形体的目的。

**组合一**

**动作方法** 见图 4-2-5

(1)预备姿势:自然站立,两脚平行,与肩同宽,两臂自然下垂;

(2)第一个 8 拍:1～2 拍,右手轻轻抱住头部左侧,使右脸颊向右肩靠近拉伸,左臂下举,左手呈立掌,3～8 拍,保持动作;

（3）第二个 8 拍：1～2 拍，左手轻轻抱住头部右侧，使左脸颊向左肩靠近拉伸，右臂下举，右手呈立掌，3～8 拍，保持动作；

（4）第三个 8 拍：1～2 拍，两手轻轻抱住头部后侧，使下颌向锁骨窝处靠近拉伸，3～8 拍，保持动作；

（5）第四个 8 拍：1～2 拍，两手轻轻抱住头部前侧，使头部向后侧靠近拉伸，3～8 拍，保持动作；

（6）第五个 8 拍：1～2 拍，两臂前平举，两手交叉相握，向前拉伸，低头，含胸，弓背，3～8 拍，保持动作；

（7）第六个 8 拍：1～2 拍，两臂经侧平举至体后，两手交叉相握，向后拉伸，抬头，挺胸，3～7 拍，保持动作，8 拍，还原呈预备姿势。

技术要点

动作应缓慢、协调，充分拉伸颈肩部肌肉。

错误纠正

练习时易出现动作僵硬，节奏感差等问题。因此，应对照镜子或在指导人员帮助下进行练习。

预备姿势

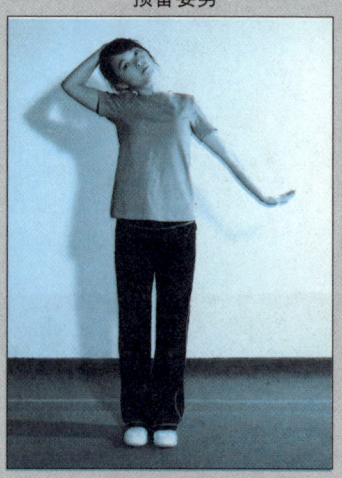

第一个 8 拍

第二个 8 拍

第三个8拍	第四个8拍

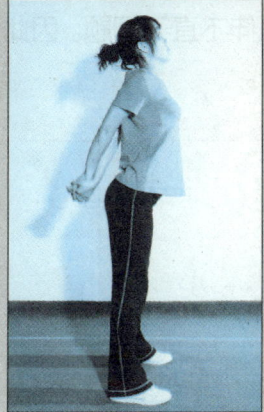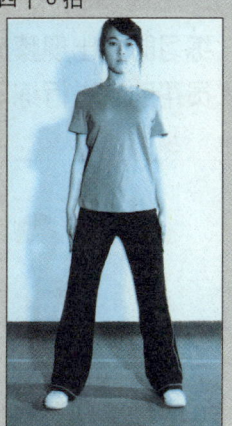

第五个8拍	第六个8拍(1~7)拍	第六个8拍(8拍)

图4-2-5

 **组合二**

 **动作方法** 见图4-2-6

(1)预备姿势：自然站立，两脚平行，与肩同宽，两臂自然下垂；

(2)第一个8拍：1~2拍，右脚于左脚后交叉，右臂上举，向左侧伸展，左臂下举，向右侧伸展，两手自然放松，右手掌心向下，左手掌心向上，3~8拍，保持动作；

(3)第二个8拍：与第一个8拍动作相同，方向相反；

(4)第三个8拍：1~2拍，两脚开立与肩同宽，上体前倾至躯干与地面平行，两臂前平举，与躯干呈同一条水平线，两手合十，指尖向前，

形体健身操

抬头,目视前方;3～8 拍,保持动作;

　　(5)第四个 8 拍:1～2 拍,两手交叉相握,掌心贴于地面,低头,目视地面,3～8 拍,保持动作;

　　(6)第五个 8 拍:1～2 拍,上体右转,两手掌心贴于右腿外侧,目视右脚,3～8 拍,保持动作;

　　(7)第六个 8 拍:1～2 拍,上体左转,两手掌心贴于左腿外侧,目视左脚,3～7 拍,保持动作,8 拍,还原呈预备姿势。

技术要点

　　练习时,膝盖要伸直。

错误纠正

　　练习时易出现膝盖伸不直等问题。因此,膝关节应尽量伸直,在指导人员帮助下进行练习。

预备姿势

第一个 8 拍

第三个 8 拍

第四个 8 拍

实用健身徒手体操

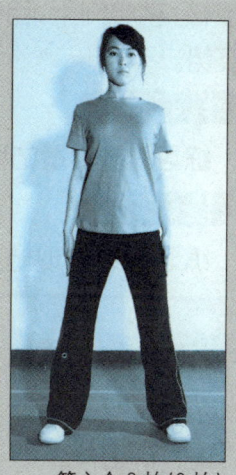

第五个 8 拍　　　　第六个 8 拍(1～7 拍)　　　第六个 8 拍(8 拍)

图 4-2-6

▼ 组合三

✿ 动作方法 见图 4-2-7

（1）预备姿势：两脚并拢,自然站立,两臂自然下垂；

（2）第一个 8 拍：1～2 拍,左脚向前略迈步,脚跟着地,勾脚尖,屈右膝,左膝伸直,两膝并拢,两手扶于左膝关节处,目视左脚尖,上体尽量靠近左腿,3～8 拍,保持动作；

（3）第二个 8 拍：与第一个 8 拍动作相同,方向相反；

（4）第三个 8 拍：1～2 拍,左脚向左侧迈出, 两脚芭蕾位站立,两脚向上立起,两臂自然置于体侧,目视 1 点方向,3～8 拍,保持动作；

（5）第四个 8 拍：1～2 拍,两脚脚尖并拢, 脚跟尽量外展抬起,两臂前平举,腕部自然弯曲,两手自

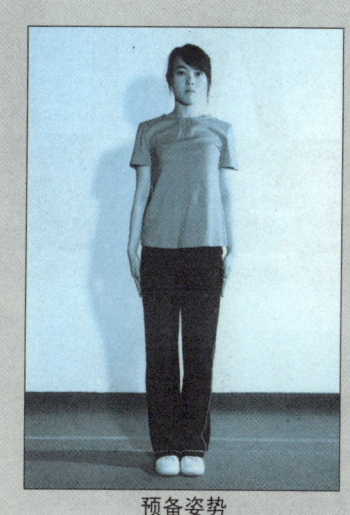

预备姿势

第一个 8 拍

形体健身操

113

然放松,掌心向下,目视 1 点方向,3～7 拍,保持动作,8 拍,还原呈预备姿势。

技术要点

练习时要尽量站稳。

错误纠正

练习时易出现站立不稳等问题。因此,应收紧腹部,保持重心稳定。

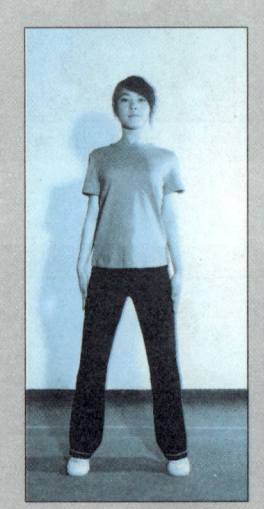
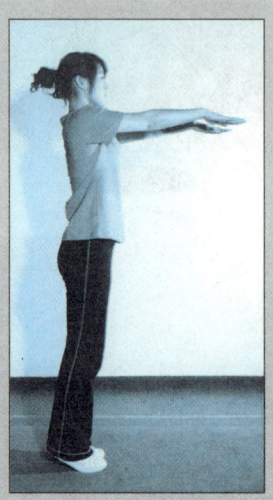
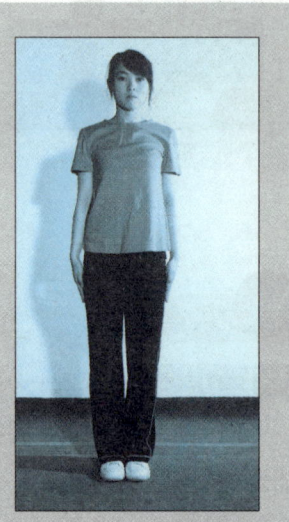

第三个 8 拍　　　　第四个 8 拍(1～7 拍)　　　　第四个 8 拍(8 拍)

图 4-2-7

组合四

动作方法　见图 4-2-8

（1）预备姿势:两脚并拢,自然站立,两臂自然下垂;

（2）第一个 8 拍:1～2 拍,右臂经体前至左平举,左臂胸前肘屈,托住右臂,左臂向后牵引右臂的伸拉,3～8 拍,保持动作;

（3）第二个 8 拍:1～2 拍,左手

预备姿势

抱住右臂肘关节,上举至颈后,左臂向左侧牵引右臂的拉伸,目视3点方向,3~8拍,保持动作;

(4)第三个8拍:与第一个8拍动作相同,方向相反;

(5)第四个8拍:1~2拍,右手抱住左臂肘关节,上举至颈后,右臂向右侧牵引左臂的拉伸,目视7点方向,3~7拍,保持动作,8拍,还原呈预备姿势。

🌀 技术要点

练习时要尽量拉伸肌肉。

🌀 错误纠正

练习时易出现拉伸效果不明显等问题。因此,应挺胸、抬头,在指导人员帮助下进行练习。

第一个8拍

第二个8拍

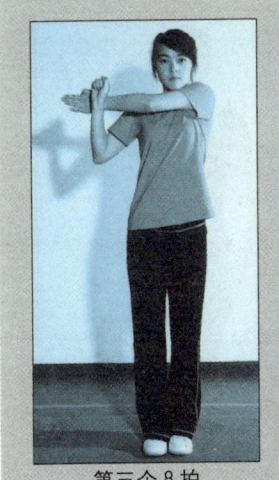

第三个8拍

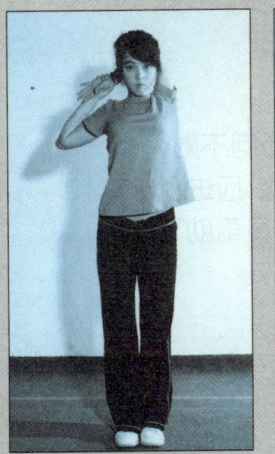

第四个8拍(1~7拍)

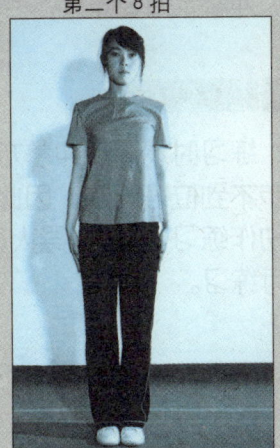

第四个8拍(8拍)

图 4-2-8

大众广播操是健身徒手体操的一种。通过练习大众广播操,可以锻炼身体各部分的肌肉、关节和韧带,促进人体新陈代谢,增强呼吸和血液循环系统功能,从而提高各器官的活动能力。

动作方法 见图4-2-9

(1)预备姿势:两脚并拢,自然站立,抬头,挺胸,收腹;

(2)第一个8拍:1拍,直膝,左臂向上冲拳,右臂收于腰际,2拍与1拍动作相同,方向相反,3~4拍,屈膝,左臂向上冲拳2次,5~8拍与1~4拍动作相同,方向相反;

(3)第二个8拍:1~2拍,向左转体,左脚向前迈出,左腿呈弓步,同时两臂胸前平屈,前臂重叠向前相互绕环两周,上体略前倾,3~4拍,还原呈预备姿势,5~6拍,右脚向右侧迈一步,右腿呈弓步,同时上体右倾,右臂斜下举,左臂斜上举,7~8拍,还原呈预备姿势;

(4)第三、四个8拍:与第一、二个8拍动作相同,方向相反。

技术要点

冲拳手臂要伸直,弓步重心要低。

错误纠正

练习时易出现冲拳方向不对,弓步不到位等问题。因此,应进行单动作练习,或在指导人员帮助下进行练习。

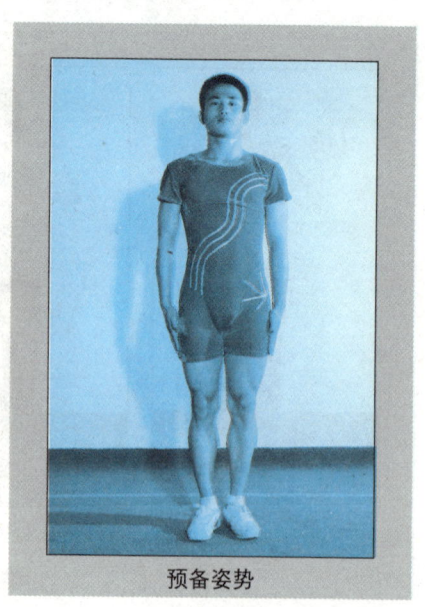

预备姿势

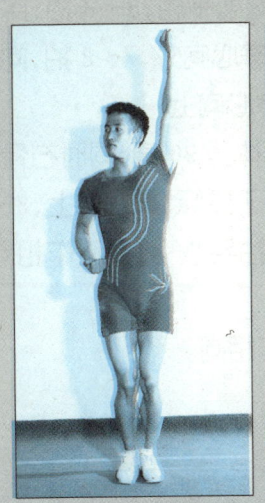
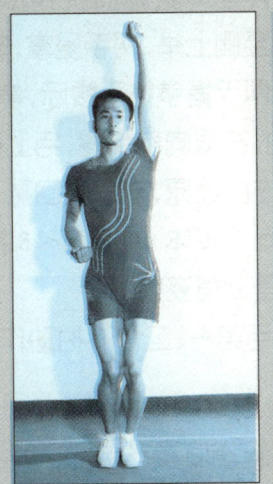

第一个 8 拍(1 拍)　　　第一个 8 拍(3~4 拍)　　　第二个 8 拍(1~2 拍)

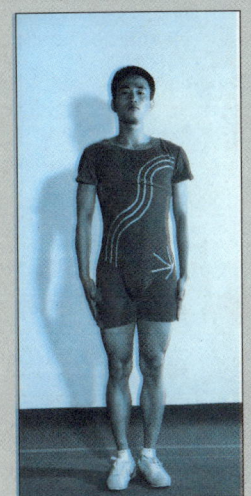

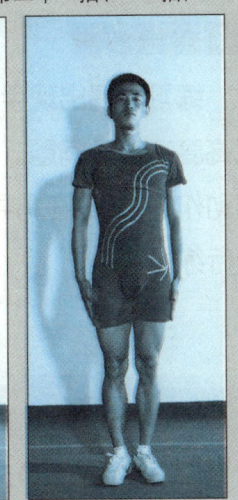

第二个 8 拍(3~4 拍)　　　第二个 8 拍(5~6 拍)　　　第二个 8 拍(7~8 拍)

图 4-2-9

组合二

✿ **动作方法** 见图 4-2-10

（1）预备姿势：两脚并拢，自然站立，抬头，挺胸，收腹；

（2）第一个 8 拍：1 拍，跳跃呈分腿半蹲，同时左臂向前冲拳，拳心向下，右臂胸前平屈，右手呈拳，拳心向下，2 拍，与 1 拍动作相同，方向

相反,3～4拍,左臂向前冲拳2次,同时右臂胸前平屈,5～6拍,跳跃呈并立,同时两臂经下摆至侧上举,两手呈掌,掌心向外,7～8拍,向右跳转45度,略屈膝,同时两手握拳贴于腰际,拳心向上;

(3)第二个8拍:1拍,左腿向前弹踢,与上体呈90度,同时右臂向前冲拳,拳心向下,2拍,左腿还原,右拳收回贴于腰际,拳心向上,3～4拍,右脚开始踏步,同时向左转体90度,5～6拍与1～2拍动作相同,方向相反,7～8拍,还原呈预备姿势;

(4)第三、四个8拍:与第一、二个8拍动作相同。

❀ 技术要点

冲拳手臂要伸直,踢腿高度要够。

❀ 错误纠正

练习时易出现手臂伸不直,踢腿高度不够等问题。因此,应进行单动作练习,或在指导人员帮助下进行练习。

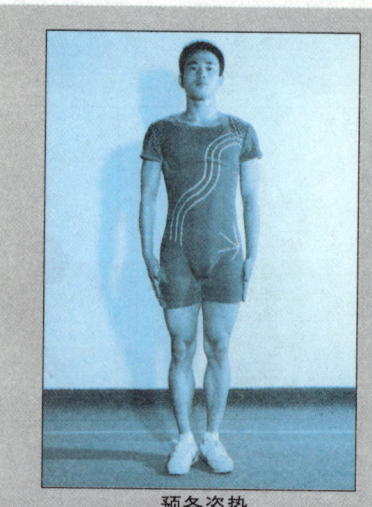

预备姿势

第一个8拍(1拍)

第一个8拍(3～4拍)

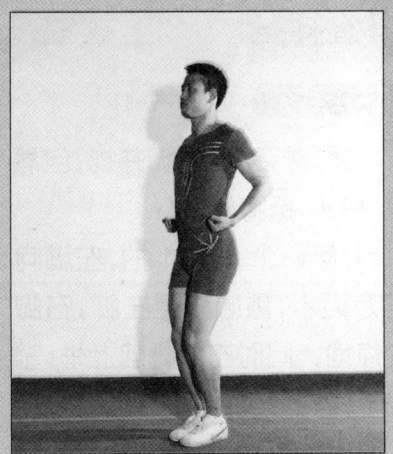

第一个8拍(5～6拍) 第一个8拍(7～8拍)

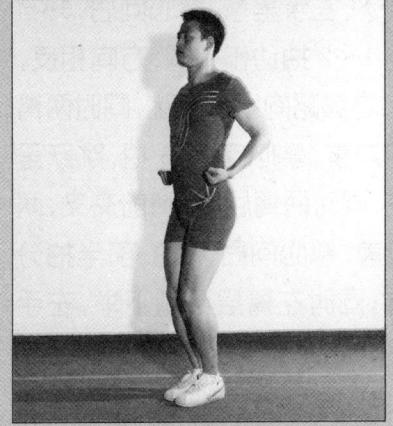

第二个8拍(1拍) 第二个8拍(2拍)

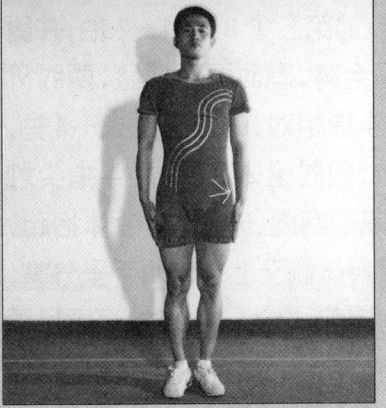

第二个8拍(3～4拍) 第二个8拍(7～8拍)

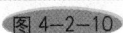

图4-2-10

组合三

动作方法 见图4-2-11

（1）预备姿势：两脚并拢，自然站立，抬头，挺胸，收腹；

（2）第一个8拍：1拍，左脚向左前方迈步，重心移至左脚，右脚脚尖点地，同时左臂侧前上举，掌心向下，右手叉腰，略抬头，2拍，右腿屈膝上提，同时左臂胸前屈，肘部向下，左手呈拳，拳心向后，3～4拍与1～2拍动作相同，方向相反，5拍，右脚略向后分腿跳，同时两臂向前冲拳，拳心向下，6拍，跳跃呈并立，同时两臂屈肘，胸前交叉，两手呈拳，拳心向后，7拍，前半拍分腿跳，同时左臂摆至侧下举，左手呈拳，拳心向下，右臂向右侧上方提肘，右手呈拳，拳心向下，后半拍跳跃呈并立，8拍同7拍前半拍；

（3）第二个8拍：1～2拍，并腿跳呈全蹲，同时两手扶膝，两肘外展，手指相对，略含下颌，3～4拍，起立，同时呈体前屈，两手指尖触地，掌心向内，5～6拍，上体抬起，两臂经体侧至上举，两手呈分掌，掌心向前，抬头，7～8拍，还原呈预备姿势；

（4）第三、四个8拍：与第一、二个8拍动作相同，方向相反。

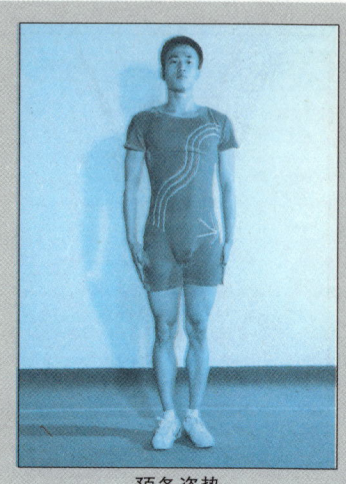

预备姿势

第一个8拍(1拍)

第一个8拍(2拍)

技术要点

手臂伸直,躯干前屈充分。

错误纠正

练习时易出现手臂伸不直,躯干前屈不足等问题。因此,应进行单动作练习,或在指导人员帮助下进行练习。

第一个 8 拍(5 拍)

第一个 8 拍(6 拍)

第一个 8 拍(7~8 拍)

第二个 8 拍(1~2 拍)

形体健身操

第二个8拍(3~4拍)

第二个8拍(5~6拍)

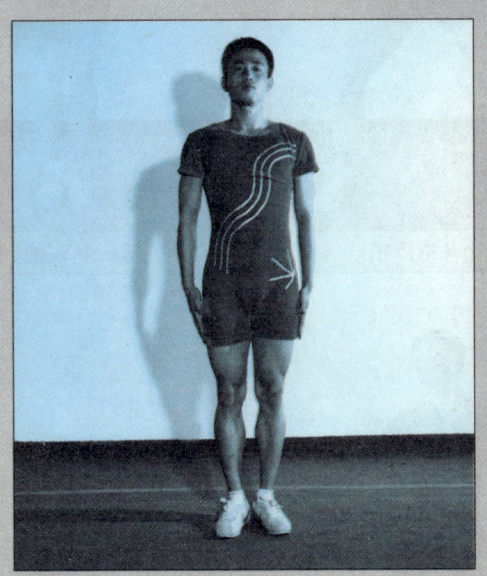

第二个8拍(7~8拍)

图 4—2—11